Sábia & Conselheira

AUTORA DO BEST-SELLER "ESPOSA EXCELENTE"

MARTHA PEACE

Sábia & Conselheira

UMA REFLEXÃO BÍBLICA SOBRE O PAPEL DA MULHER

FIEL
Editora

P355s Peace, Martha
   Sábia e conselheira : uma reflexão bíblica sobre o papel da mulher / Martha Peace – São José dos Campos, SP : Fiel, 2012.

   176 p. ; 21cm.
   Tradução de: Becoming a titus 2 woman.
   Inclui referências bibliográficas.
   ISBN 9788581320342

   1. Mulheres – Vida religiosa. 2. Mulheres – Doutrina Bíblica. I. Título.

CDD: 248.843

Catalogação na publicação: Mariana C. de Melo – CRB07/6477

SÁBIA & CONSELHEIRA
Uma Reflexão Bíblica sobre o papel da Mulher

Traduzido do original em inglês
Becoming a Titus 2 Woman por Martha Peace

Copyright©1997 Martha Peace

∎

Publicado em Inglês por Focus Publishing
502 Third Street NW
Bemidji, Minnesota 56601

Copyright©2012 Editora FIEL.
Primeira edição em português 2012

Todos os direitos em língua portuguesa reservados por Editora Fiel da Missão Evangélica Literária

Proibida a reprodução deste livro por quaisquer meios, sem a permissão escrita dos editores, salvo em breves citações, com indicação da fonte.

∎

Diretor Executivo: Tiago J. Santos Filho
Editor-chefe: Vinicius Musselman Pimentel
Editor: Tiago J. Santos Filho
Tradução: Laura Macal Lopez
Revisão: Laíse Helena Oliveira; Elaine R. Oliveira dos Santos
Diagramação: Wirley Corrêa - Layout
Capa: Rubner Durais

ISBN: 978-85-8132-034-2

FIEL Editora

Caixa Postal 1601
CEP: 12230-971
São José dos Campos, SP
PABX: (12) 3919-9999
www.editorafiel.com.br

Dedico este livro à nossa amada filha

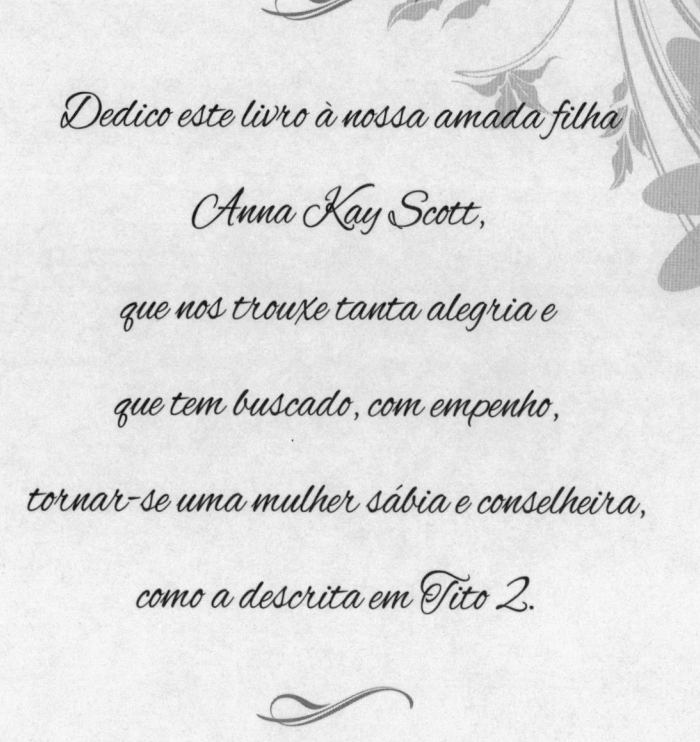

Anna Kay Scott,

que nos trouxe tanta alegria e

que tem buscado, com empenho,

tornar-se uma mulher sábia e conselheira,

como a descrita em Tito 2.

Agradecimentos

Escrever este livro não era o que eu tinha planejado fazer este ano. No entanto, de alguma forma, Jan Haley, da Editora Focus em Bemidji, Minnesota, convenceu-me a fazê-lo. E agora que esta obra está concluída, sou grata por seu encorajamento e por seus bons conselhos ao longo do caminho.

O Senhor também providenciou outras pessoas para me ajudar. Meu pastor, John Crotts, da Friendship Bible Church em Peachtree City, Georgia, graciosa e cuidadosamente leu o manuscrito e ofereceu bons conselhos bíblicos, com sensibilidade e gentileza. Sua esposa, Lynn, editou o manuscrito enquanto cuidava de seu marido e sua filha Charissa, de um ano e três meses. Lynn é muito boa com pequenos detalhes, e fiquei muito feliz com sua ajuda.

Nossa filha, Anna Scott, fez a edição gramatical. Lembro-me que depois de ler um determinado parágrafo, Anna disse: "Mãe, este parágrafo não tem sentido!" Em outro incidente, ela me disse que não era correto justificar um ponto apenas com "porque eu disse." Anna era uma alegria durante todo o processo, mesmo estando muito ocupada cuidando de seu marido e de três filhos. Um dia eu tive que passar suas roupas, para que ela pudesse ter algum tempo para ler!

Nosso filho, David, realmente não contribuiu diretamente com este livro, mas me perguntou: "Mãe, eu estou em seu novo livro?" Então, li para ele a seção no capítulo seis, onde escrevi sobre David e sua noiva, Jaimee Sumner. Também lhe disse que se Deus permitir que eu escreva o livro *Raising Children Whitout Raising Cain*, ele será a estrela!

Meu marido, Sanford, ajudou-me e, pacientemente, encorajou-me em minhas dificuldades com o computador. Quando eu terminei de escrever, ele leu o manuscrito e fez correções. Como David, ele também quis saber se fazia parte do livro. Eu disse: "Claro que sim!"

Barb Smith, da Editora Focus, fez a edição final. Ela não foi apenas profissional, mas também ofereceu-me sábios conselhos. Ela já serviu ao Senhor como esposa de pastor durante muitos anos e agora continua a servi-Lo, refletindo a mulher sábia e conselheira, descrita em Tito 2, para mulheres mais jovens, inclusive para suas filhas.

Por último, mas certamente não menos importante, gostaria de mencionar Stanley Haley, marido de Jan. Ambos são proprietários da Editora Focus; Sanford e eu tivemos a oportunidade de conhecê-lo recentemente. Stanley nos disse que, em todos esses anos de trabalho na editora, ele nunca havia tido tantos problemas nos equipamentos como teve durante a publicação do livro Esposa Excelente. Todos nós acreditamos que o Diabo teria ficado muito feliz se Stanley tivesse "jogado a toalha". Contudo, pela graça de Deus, Stanley não desistiu, e agora aceitou publicar mais um de meus livros. Sanford e eu somos gratos a Deus por Stanley e Jan, enquanto juntos servimos ao Senhor nestes trabalhos.

Sumário

Introdução 11
Parte 1: **QUANDO** eu discipulo uma mulher mais jovem? 13
1   Uma nova filosofia de vida 14
2   Três áreas em que precisamos amadurecer 21
3   Áreas a serem desenvolvidas no disciplulado 33

Parte 2: **COMO** age a mulher sábia e conselheira? 43
4   Seu caráter 44
5   Sua responsabilidade para com as mulheres mais jovens 61

Parte 3: **O QUE** ela ensina? 77
6   Amar seu marido e seus filhos 78
7   Ser sensata e honesta 99
8   Ser boa dona de casa e ser bondosa 115
9   Ser submissa ao seu marido 133

Parte 4: **POR QUE** ela deve dedicar-se ao ensino? 155
10   Para que a palavra de Deus não seja difamada 156

Notas 163
Esboço Biográfico de Martha Peace 167
Notas de Estudo 169

Introdução

Há muitos anos, uma igreja em Augusta, Georgia, pediu-me que desse um seminário sobre como desenvolver um ministério com base em Tito 2. Enquanto pensava no tópico e preparava meu material, acabei focando menos em como organizar tal ministério, e mais em como tornar-se a mulher descrita nesta passagem.

A mulher mencionada em Tito 2 é uma cristã idosa e madura que instrui as jovens recém-casadas. Seu ministério tem como base a passagem bíblica de Tito 2:3-5.

Parecia-me que toda mulher crente, independente de sua idade ou estado civil deveria aspirar tornar-se uma mulher sábia e conselheira, como a mulher descrita em Tito 2. Eu também tinha a impressão de que hoje a maioria das igrejas, lamentavelmente, tem falhado na formação destas senhoras. Estas igrejas podem até ter funções organizadas para as mulheres, mas parecem ser poucas as igrejas que levam as mulheres mais velhas à discipularem biblicamente as mulheres mais jovens, como requerido em Tito 2.

Foi devido a esta necessidade que escrevi este livro. Nas páginas que se seguem há muitos exemplos práticos de como discipular efetivamente as mulheres mais jovens. Este livro é também muito prático em sua abordagem de como, pela graça de Deus, podemos desenvolver o caráter que Ele deseja que cada mulher mais velha tenha.

Devo salientar que nada do que você vai ler aqui poderá ser praticado sem a graça e o poder de Deus. Nós temos a responsabilidade de buscar retidão e de obedecer a Sua Palavra, mas Ele faz a obra por meio do Espírito Santo. Ele verdadeiramente "pode fazer-vos abundar em toda graça" (2 Coríntios 9.8). Independente do seu passado, ou de como era sua vida antes de Cristo, se você é crente, Deus pode transformar seu caráter e fazer você se tornar a mulher que Ele quer que você seja. Somente Deus merece o crédito por isto.

Lembre-se de que este processo de crescimento requer tempo, trabalho e oração. Precisamos, frequente e repetidamente, buscar em Deus auxílio e poder. Oro que o Senhor use este livro para Sua glória e para abençoar você. Eu escrevi este livro para o Senhor.

> *"Ora, se invocais como Pai aquele que, sem acepção de pessoas, julga segundo as obras de cada um, portai-vos com temor durante o tempo da vossa peregrinação, sabendo que não foi mediante coisas corruptíveis, como prata ou ouro, que fostes resgatados do vosso fútil procedimento que vossos pais vos legaram, mas pelo precioso sangue, como de cordeiro sem defeito e sem mácula, o sangue de Cristo."*
>
> 1 Pedro 1.17-19

Parte 1

Quando eu discipulo uma mulher mais jovem?

Capítulo 1

Uma Nova Filosofia de Vida

Quando eu era jovem, e antes de tornar-me crente em Cristo, eu abraçava três filosofias de vida. Uma era a crença feminista de que a minha identidade estava ligada à minha formação acadêmica e à carreira. A segunda era "comamos e bebamos, porque amanhã morreremos". A terceira veio do filme de George Burns – "Oh God!". No filme, George Burns (que fazia o papel de Deus), dizia: "Jesus é meu filho, Maomé é meu filho e Buda é meu filho". Eu pensava: "Isso faz todo sentido pra mim! Há muitos caminhos para Deus, e não importa no que você crê, desde que seja com sinceridade".

Acreditando que minha identidade estava ligada à minha formação acadêmica e à carreira, eu me dedicava a ambas com paixão. Não importava o quanto já havia conquistado nos estudos, eu sempre desejava mais conhecimento e mais créditos. Em minha carreira como enfermeira eu, galguei a posição de professora na universidade local. Mas meus objetivos eram coordenar o departamento de Enfermagem numa universidade importante e escrever um livro na área de UTI. Meus padrões eram altos, e eu só permitia que se formassem os alunos que fossem brilhantes e os melhores em sua área de especialização.

A filosofia do "comamos e bebamos que amanhã morreremos", fala por si só. Eu bebia muito e participava de muitas festas. Estava determinada e me divertir, a qualquer custo. Ser feliz era algo extremamente importante para mim. Não preciso nem dizer que beber frequentemente me trouxe problemas, e foi um verdadeiro milagre eu não ter morrido num acidente de carro. Enquanto, por um lado, minha filosofia de "identidade" feminista me levava a preocupar-me com status e realizações futuras, por outro lado, a filosofia do "comamos e bebamos" me fazia viver como se só houvesse aquele momento, sem pensar no amanhã.

Minha terceira filosofia de vida foi consistentemente expressa através da minha membresia em uma igreja cheia de pessoas que pensavam que todos eram cristãos, independente do que cressem, contanto que fossem sinceros. Eu ouvia: "Deus ama a todos, a Bíblia é repleta de mitos e quem somos nós para julgar?" Esta ideia era perfeita para mim, pois eu certamente não queria que ninguém me julgasse.

Para minha grande surpresa, estas três filosofias não trouxeram a satisfação e a felicidade que eu desejava. Pelo contrário, elas me trouxeram mágoa, confusão e desespero, em busca de respostas. As respostas, contudo, só vieram por meio da leitura da Palavra de Deus e da oração. Um dia, quando eu tinha 31 anos, Deus me atraiu para Si (apesar de não haver bondade alguma em mim); entrou em minha vida, salvou minha alma, perdoou os meus pecados e deu-me uma nova e diferente filosofia de vida.

Minha nova filosofia é cristã. Agora eu creio veementemente que Jesus Cristo é o único caminho para Deus, o Pai, e que meus propósitos, e maior alegria nesta vida, são servi-Lo e glorificá-Lo. Enquanto "me deleito no Senhor", o Senhor me concede "os desejos do meu coração" (Salmo 37.4). Desejos estes que Ele mesmo coloca em meu coração. Por exemplo: lembro-me que certa vez orei (porque tinha medo de voltar à velha vida) para que Deus me desse um amor tão grande por Sua Palavra, que quanto mais eu a conhecesse, mais eu desejasse conhecê-la. Ainda hoje, após 18 anos de caminhada cristã, meu desejo de conhecer e obedecer a Palavra de Deus não diminuiu.

Meus novos desejos incluem meios de agradar e de servir a Deus. As instruções de Deus sobre como a mulher cristã pode agradá-Lo e servi-Lo encontram-se claramente expressas em Tito 2.3-5:

"*Quanto às mulheres idosas, semelhantemente, que sejam sérias em seu proceder, não caluniadoras, não escravizadas a muito vinho; sejam mestras do bem, a fim de instruírem as jovens recém-casadas a amarem ao marido e a seus filhos, a serem sensatas, honestas, boas donas de casa, bondosas, sujeitas ao marido, para que a palavra de Deus não seja difamada.*"

Quando descobri esta passagem, eu não era exatamente uma "mulher idosa." Mas eu sabia que tinha um longo caminho pela frente, sabia que quando eu tivesse aprendido a aplicado tudo o que precisava, já estaria na categoria das "mulheres idosas". E isto foi o que aconteceu. Apesar de ainda ter um logo caminho a seguir, Deus tem me concedido amadurecimento em três áreas: em doutrina, caráter e no ministério para Ele.

Por causa de tudo que Deus fez e tem feito em minha vida, e por causa da instrução dada em Tito 2.3-5, agora tenho o desejo de instruir e de encorajar mulheres mais jovens. Foi por isso que escrevi este livro – para biblicamente ensinar-lhes como, com a graça de Deus, você poderá tornar-se a mulher descrita em Tito 2, que, por sua vez, instruirá e encorajará outras mulheres mais jovens. Para alcançar meu objetivo, dividi o livro em quarto partes:

- *Quando* eu discipulo uma mulher mais jovem?
- *Como* age uma mulher Sábia e Conselheira?
- *O que* ela ensina?
- *Por que* ela deve dedicar-se ao ensino?

No próximo capítulo eu explicarei três áreas, de minha própria vida, nas quais Deus primeiramente trabalhou, a fim de que agora eu pudesse instruir outras mulheres. As três áreas foram (e ainda são): doutrina, caráter e ministério.

Questões para Estudo

1 - Escreva um parágrafo sobre o que você acredita ser o papel da mulher cristã.

2 - Faça uma lista das prioridades em sua vida. Em outras palavras, que atividades e compromissos você realiza? Você dedica o seu tempo a quê?

3 - Leia os seguintes trechos bíblicos e anote o que a Palavra de Deus ensina sobre prioridades.

A - Mateus 6.25-33

B - Colossenses 3.1-2

C - Romanos 12.1

D - 1 João 2.15-17

E - 2 Pedro 3.18

F - Gálatas 6.10G Efésios 5.15-16

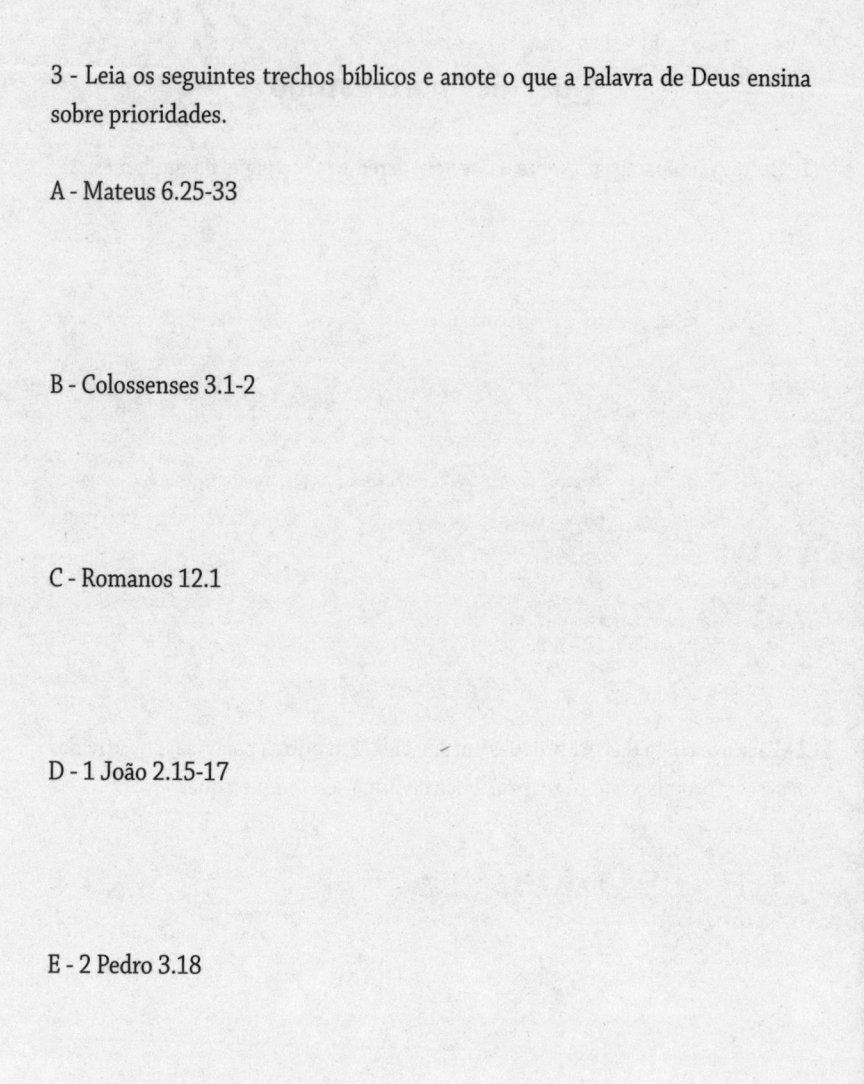

4 - Ore, enquanto inicia esse estudo e peça a Deus que:

• Instrua você;
• Mostre se suas prioridades são bíblicas;
• Conceda-lhe o desejo de realizar as mudanças que Ele deseja que você faça em seus pensamentos ou ações;
• Use esse estudo para glorificá-Lo em sua vida.

Capítulo 2

Três áreas em que precisamos amadurecer

Frequentemente os crentes possuem um zelo exuberante, porém bem pouco conhecimento. É comum que o seu desejo de servir ao Senhor seja grande, mas que seu caráter cristão seja lamentavelmente falho. São como uma estagiária iniciante em enfermagem, que chega ao hospital com seu uniforme novo e engomado, os sapatos brilhando, e os cabelos cuidadosamente presos num coque impecável! Ela fica entusiasmada e emocionada por estar ali! Seu exterior mostra um visual profissional e competente. Contudo, as aparências enganam. Se ela não tiver plena consciência de suas limitações, seu trabalho pode ser extremamente perigoso!

Quando comecei minha caminhada cristã eu era como aquela jovem estagiária de enfermagem, empolgada e muito ativa. Queria servir ao Senhor por meios grandiosos. Pensava que logo seria como aquela famosa professora de estudos bíblicos de quem ouvira falar, cujas classes dobravam em frequência a cada semana. Logo não havia mais espaço para novos frequentadores.

Quando era nova convertida fui abordada por uma senhora de nossa igreja chamada Linda. Ela demonstrou desejo em dirigir um grupo de estudo bíblico em sua casa. E me disse: "Você quer dar o estudo?" Pensei: "será que consigo?" Com grande entusiasmo respondi: "Sim!!!"

Linda e eu convidamos nossas amigas, vizinhas e todo mundo que nos desse a chance de convidar. Nosso estudo acontecia às quartas-feiras pela manhã, e começamos com duas ou três senhoras. Ensinei o Evangelho de João, versículo a versículo. A frenquência era escassa e instável. Uma semana, em particular, chamou minha atenção. Tivemos oito senhoras firmemente comprometidas a voltar na quarta-feira seguinte. Dediquei-me ainda mais na preparação do estudo, e Linda preparou a casa. Quando chegou o dia, linda levantou mais cedo e fez biscoitos de calabresa. Quando cheguei, os aromas do café e da calabresa estavam irresistíveis! Ficamos tão entusiasmadas! Oramos e esperamos com expectativa cada uma das convidadas chegar.

Logo chegou a hora, e a hora passou... Ficou tão tarde que tivemos que encarar a realidade: ninguém apareceu! Senti vontade de chorar. Linda disse: "Talvez o Senhor não queira que tenhamos um grupo de estudo bíblico". Minha esperança de ver grandes grupos de senhoras ouvindo minhas palestras estava destruída bem diante dos meus olhos. Não obstante, ao invés de cancelarmos as reuniões, decidimos tirar uma semana para orar e depois faríamos pelo menos mais um estudo.

Na semana seguinte, fiquei ansiosa pensando no que o Senhor estaria por fazer. Agora, olhando para trás, parece-me óbvio o que Deus estava fazendo. Ele estava começando a moldar o meu caráter, e protegendo aqueles grandes grupos de senhoras (muitos dos quais, a propósito, nunca vieram) de minha imaturidade na doutrina e no caráter. Eu olhava o presente, mas Deus contemplava toda a estrada futura, e começava a me preparar para servi-Lo. Naquele tempo, meu zelo sem conhecimento ou sem caráter moldado era tão perigoso quanto aquela enfermeira inciante, desenfreada.

Neste capítulo, explicarei três áreas em minha própria vida, nas quais o Senhor primeiramente trabalhou para que, agora, eu pudesse instruir e encorajar outras mulheres. As três áreas eram, e ainda são: doutrina, caráter e ministério. Vamos começar com a primeira área na qual o Senhor tem me concedido amadurecimento:

Doutrina

Doutrina é aquilo que a Bíblia ensina sobre um determinado assunto. Por exemplo: a doutrina da salvação é o que a Bíblia ensina sobre como uma pessoa pode ser salva de seus pecados através da obra redentora de Cristo na cruz. Outro exemplo é a doutrina da Trindade: Um só Deus em três pessoas – o Pai, o Filho e o Espírito Santo. Quando me tornei crente, sabia muito pouco sobre o que a Bíblia ensina, tão pouco que eu não sabia que poderia pecar em meu pensamento. À medida que lia e estudava a Palavra de Deus, aprendi sobre a doutrina do pecado muito mais do que poderia imaginar. Obviamente, se o Senhor iria me usar para instruir outras mulheres, eu ainda tinha muito a aprender.

Como nova convertida, comecei a ler e estudar a Bíblia. Também lia bons livros e ouvia bons estudos bíblicos. Alguns pastores me ajudavam a tirar minhas dúvidas, indicando bons livros para estudo e comentários para eu ler e usar, e também permitindo que eu dirigisse um estudo bíblico para senhoras na igreja ou na casa de alguém. Eu tive que aprender a manejar bem a "palavra da verdade" (2 Timóteo 2.15).

Levei um ano e três meses para dar o primeiro estudo bíblico no Evangelho de João! A cada semana, eu preparava uma lição e também questões para estudo. No ano seguinte, como sugestão de meu pastor, dei estudos em Gênesis. Em anos subsequentes, preparei estudos sobre os profetas, Ester, Colossenses, Romanos, Malaquias e Apocalipse.

Desde aquelas primeiras reuniões de estudo, houve tempos em que ensinei novamente alguns desses assuntos, e tive que estudar novamente o mesmo material, e vejo que minha compreensão de certas doutrinas tem amadurecido. Este processo é contínuo para todos os crentes. Conforme solicitado por meu pastor, ele lê cada um de meus estudos antes que eu os repasse às senhoras em nossas reuniões. Ele, então, corrige quaisquer erros que eu possa ter cometido ou algum texto bíblico que esteja fora de contexto. Ensinar sob sua autoridade é uma verdadeira bênção e proteção para mim, assim como para as senhoras em nossa igreja. Quanto mais aprendo, mais compreendo o quanto ainda preciso aprender. Mesmo que eu tenha dado estudos bíblicos durante quase quinze anos, meu entendimento das doutrinas continua amadurecendo.

Caráter

Quer você descreva o amadurecimento do meu caráter como uma limpeza, para que eu dê mais fruto ainda (João 15.2), ou como disciplina, para que eu seja participante de Sua santidade (Hebreus 12.10), esta mudança em meu caráter tem sido a coisa mais difícil e mais humilhante das três áreas. A má notícia é que, às vezes, é constrangedor perceber que você é imperfeita. Mas a boa notícia é que Deus "dá graça aos humildes" (Tiago 4.6).

Uma das áreas em meu caráter que precisava de uma mudança drástica era a característica ira. A ira vinha à tona quando eu não conseguia algo do meu jeito, ou quando algo ou alguém me irritava, ou me frustrava. Eu era aquele "homem colérico" (mulher colérica, no meu caso) com o qual não devemos nos associar, "para que não aprendas as suas veredas e, assim, enlaces a tua alma" (Provérbios 22.24,25). Deus começou a me transformar, passei a ser uma mulher de espírito manso e tranquilo, ao invés de ficar facilmente irritada, impaciente ou irada.

Lembro-me de uma vez ter falado insistentemente com uma senhora em nossa igreja. Ela e o marido pensavam em sair de nossa igreja para uma outra cuja doutrina não era sólida. Ao invés de conversar com ela em um tom gentil e amável, falei de modo enérgico e severo. Algum tempo depois eles deixaram nossa igreja; mas eu justifiquei a minha atitude, porque, afinal de contas, eu estava certa. Não muito tempo depois deste incidente, uma amiga em comum me telefonou. Ela foi gentil, porém direta, e disse: "Concordo com o que você disse, mas seu tom de voz com ela soou irado e severo. A Bíblia nos diz que, se desejamos influenciar aqueles que seguem falsas doutrinas, é 'necessário que o servo do Senhor não viva a contender, e sim deve ser brando para com todos, apto para instruir, paciente, disciplinando com <u>mansidão</u> os que se opõem, na expectativa de que Deus lhes conceda não só o arrependimento para conhecerem plenamente a verdade (...)' (2 Timóteo 2.24,25). Uma das razões porque eles deixaram nossa igreja foi a maneira irada como você falou com eles".

Não preciso dizer o quanto fiquei constrangida e muito chateada ao ouvir aquela repreensão. Chorei, e quando desliguei o telefone, orei. Pedi que Deus me ajudasse a entender. Supliquei ao Senhor que me fizesse uma mulher mansa. Agradeci a Deus pelo telefonema recebido. Então decidi procurar aquela outra senhora e pedir-lhe perdão.

Como era época do Natal, comprei um arranjo de poinsettia (flor de natal) para ela. Ao aproximar-me da porta de sua casa, cheguei a desejar que ela não estivesse em casa, para que eu pudesse apenas deixar-lhe o arranjo com um bilhete pedindo-lhe perdão. Contudo, ela estava em casa e convidou-me para entrar. Tentei "quebrar o gelo", dizendo-lhe que trouxera uma "Poinsettia da Paz" (sem trocadilhos!). Pedi-lhe que, por favor, me perdoasse pelas palavras duras, e ela graciosamente o fez. No entanto, eles não voltaram para nossa igreja.

Aprendi que, ao invés de usar de palavras iracundas para alcançar os propósitos de Deus, a mansidão amorosa é o que Lhe agrada. Não era suficiente que eu apenas reconhecesse e me "despojasse" de minha aspereza e impaciência; era necessário que eu também me "revestisse" de amor. Por exemplo: eu devia não somente transmitir meus pensamentos, como também fazê-lo de modo piedoso e manso.

Deus tem transformado meu caráter, e na maioria das vezes eu tenho conseguido, por Sua graça, ser uma pessoa de mansidão. Quando não o sou, eu volto ao princípio (João 1.9). Penso em como deveria ter reagido, peço o perdão de Deus, e peço perdão à pessoa a quem ofendi. E oro para que, numa próxima ocasião, eu primeiramente pense para, só então, responder em amor.

Outra área em meu caráter que necessitava mudança era tornar-me menos egoísta e mais amorosa. "O amor não procura o seu próprio interesse" (1 Coríntios 13.5) era um princípio muito convincente para mim. Deus foi gradativamente mostrando-me, através das Sagradas Escrituras e do Seu Santo Espírito, que eu deveria sempre buscar a Sua vontade e não a minha. À medida que Deus me trouxe maturidade, agradar-Lhe passou a trazer-me muita alegria.

Além de tornar-me uma pessoa de mais mansidão e menos egoísmo, havia também uma grande necessidade em meu caráter: o de tornar-me mais humilde. Ao invés de estar sempre na defensiva, Deus desejava que eu ouvisse cuidadosamente e, ao menos, considerasse o que a outra pessoa estava dizendo. Ao invés de me concentrar em ter sido ferida numa admoestação, Ele quer que eu cresça e amadureça com isso. Não há exemplo mais claro do que o que aconteceu quando escrevi o livro *Esposa Excelente*.

Por saber que seria insensata ao escrever um livro (principalmente um livro sobre a doutrina de tornar-se uma esposa excelente) sem auxílio e escrutínio, pedi ajuda. E o Senhor providenciou a ajuda de que precisava! Quatro homens – três pastores e um conselheiro bíblico, leram o manuscrito e fizeram comentários. O resultado foi uma tremenda quantidade de trabalho e tempo escrevendo e reescrevendo. Fazer algumas daquelas mudanças era como se estivessem me pedindo que abrisse mão de minha obra. Cada palavra que escrevi era muito preciosa para mim! Contudo, nem toda palavra que escrevi era coerente ou biblicamente correta. Por causa de meu orgulho pecaminoso, senti-me tão oprimida que em certo ponto cheguei a considerar seriamente a possibilidade de jogar todo aquele projeto no lixo! Obviamente, aquela não era uma atitude madura. No dia seguinte, ao lembrar de minha reação impulsiva, senti-me constrangida, principalmente por todo o auxílio que o Senhor havia providenciado. Compreendi que, para o Senhor, é muito mais importante que eu ande humildemente com o meu Deus (Miquéias 6.8) do que eu escreva um livro.

Deus ainda está mudando todas essas áreas em meu caráter, e muitas outras que não cheguei a mencionar aqui. Ele precisou amadurecer-me a um certo ponto para que eu pudesse instruir e encorajar mulheres mais jovens. Isto é realmente um testemunho de Sua bondade, misericórdia e graça pelo que Ele tem feito em minha vida.

Certamente, se eu tive de amadurecer em meu conhecimento doutrinário e em meu caráter, também tive de amadurecer no ministério ou no serviço ao Senhor.

Ministério

Meu serviço ao Senhor tem passado por várias fases. Agora está concentrado em minha casa, em meu esposo e em nossa igreja, com o estudo bíblico e discipulado/aconselhamento para senhoras. Quando o tempo me permite, também dou palestras em seminários para senhoras e escrevo.

Lembro-me de ter aprendido uma lição muito dura sobre o que Senhor queria e não queria que eu fizesse. Há muitos anos, eu tinha um desejo profundo e apaixonado de tornar-me uma missionária. De fato, eu tinha certeza que era vontade de Deus para nós que vendêssemos tudo, desprezássemos quase todas as nossas posses, e que fôssemos para a África (é claro!). Eu ficava emocionada só de pensar nisso. Isso tinha que ser a forma mais linda de servir ao Senhor.

Depois de orar muito, e ainda assim sentir-me muito fervorosa, falei com meu esposo, Sanford. Expliquei com tanto entusiasmo e empolgação que ele poderia pedir demissão do emprego, poderíamos vender nossa casa, e irmos onde quer que o Senhor nos enviasse! Pedi-lhe que por favor pensasse nisso. E ele me respondeu graciosamente: "Eu não preciso pensar. Não vou pedir demissão do emprego, nem vamos a lugar algum. Acredito que o Senhor nos quer aqui, servindo-O em nossa igreja".

Eu fiquei arrasada. Como eu poderia tornar-me tão santa como alguém que deixa tudo para servir ao Senhor na África? Enquanto pensava sobre isso e orava, compreendi que a vontade de Deus para mim, ao menos naquele momento, era que eu graciosamente me submetesse a autoridade de meu marido.

Além do meu desapontamento por não tornar-me uma missionaria, há muitas vezes que preciso servir ao Senhor fazendo algo que não me considero particularmente capacitada a fazer. Alguns exemplos são: tocar piano na igreja, preparar refeições para alguém que passou pela perda de um ente querido, ou trabalhar no berçário. Independente da função que eu venha a realizar, devo servir ao Senhor com alegria e frutificar em toda boa obra (Colossenses 1.10).

Sei o que dedicar e quanto tempo empregar na obra, sob a liderança de Sanford e dos outros líderes em minha igreja. Eles de bom grado me permitem auxiliar outras igrejas, mas acreditam (e com razão!) que eu devo dedicar-me a servir, primeiramente, meu esposo, depois, as senhoras em minha igreja e, por fim, os outros.

Independente dos dons espirituais que tenhamos, acredito que Deus deseja que o ministério de toda mulher cristã seja o de tornar-se a mulher descrita em Tito 2 (seja ela casada ou solteira), e que venha a instruir e encorajar as mulheres mais jovens a se tornar esta mulher, também. No próximo capítulo explicarei alguns princípios bíblicos de discipulado para mulheres mais jovens, além de citar alguns exemplos de mulheres com as quais tenho trabalhado.

Nota do editor: *Enquanto se dá o processo de publicação deste livro, Martha Peace e seu esposo Sanford estão na África do Sul, onde Martha está ensinando as mulheres a desenvolverem o caráter de Deus e se tornarem "Esposas Excelentes".*

Questões Para Estudo

1- De acordo com o capítulo 2, cite três áreas nas quais Deus amadurece as mulheres cristãs.

2- Defina o termo "doutrina". Cite 2 exemplos.

3 - Você se considera doutrinariamente madura? Se não, o que você poderia fazer para remediar esta situação?

4 - Tome alguns minutos para pensar em quais áreas do seu caráter Deus deseja amadurecer. Liste-as aqui.

5 - Faça uma lista dos meios pelos quais você tem servido ao Senhor.

6 - O Senhor Jesus disse em João 15.8: "Nisto é glorificado meu pai, <u>em que deis muito fruto</u>" (ênfase acrescentada). Para que você dê fruto, o que precisa acontecer primeiro? Leia João 15.1-6.

7 - Ore e peça a Deus que limpe você, para que você possa produzir ainda mais fruto para Ele.

Capítulo 3

Áreas a serem desenvolvidas no discipulado

Quando eu tinha mais ou menos doze anos, minha mãe se ofereceu para ensinar corte e costura, a mim e a minha melhor amiga, Anna Owen. Ela nos levou a uma loja de tecidos para escolhermos moldes e tecidos. Lembro-me de que escolhi um tecido de viscose listrado em rosa e branco, que tinha um brilho especial. Como era verão, escolhi um molde para vestido leve.

Minha mãe pacientemente nos mostrou como usar os moldes, cortar as partes dos vestidos, e então costurá-las. Apesar de não ter pensado naquele momento, para minha mãe, havia grande alegria e amor em fazer aquilo. Aprendi muito sobre corte e costura, mesmo não me lembrando de ter tido coragem de vestir aquela roupa em público. Talvez o tenha feito uma vez. De certa forma, minha mãe estava sendo para nós aquela mulher descrita em Tito 2. Ela era uma mulher mais velha, ensinando às mais jovens a cuidar de sua família e a usar o dinheiro de forma consciente. Como resultado, ela me transmitiu um legado que hoje é parte de mim. Apesar de não ter muito tempo para costurar, ainda me alegro muito quando posso fazê-lo.

Assim como minha mãe tinha o desejo de ensinar a mim e a minha amiga Anna, Deus tem me dado o desejo de ensinar muitas coisas às mulheres mais jovens. Ao invés de corte e costura, desejo ensiná-las a "amarem ao marido e a seus filhos, a serem sensatas, honestas, boas donas de casa, bondosas, sujeitas ao marido" (Tito 2.3-5). Para alcançar este objetivo, quando tenho um relacionamento de Tito 2 com uma mulher mais jovem, torno-me pessoalmente envolvida em sua vida. Ela é minha amiga. Compartilho coisas pessoais com ela, e ajudamos uma à outra a nos assemelharmos o máximo possível ao Senhor Jesus Cristo.

Algumas vezes nos encontramos em horário fixo, uma vez por semana. Outras vezes, falamos ao telefone ou nos encontramos para almoçar juntas. Podemos nos encontrar para conversarmos sobre um bom livro cristão que estamos lendo. Talvez deseje a companhia de uma mulher mais velha para orar junto com ela, ou para ensiná-la a orar. Pode até ser que ela deseje que alguém a ensine a costurar, fazer compras no mercado, ou limpar a casa. Dependendo das áreas em que ela seja fraca ou forte, eu a discipulo e a responsabilizo pelas três áreas em que Deus, no passado e ainda hoje, tem me amadurecido: doutrina, caráter e ministério.

Discipulando em Doutrina

Minha experiência tem me mostrado que a maioria das mulheres cristãs que discipulo possuem crenças doutrinárias muito sólidas. Quando ouvem a definição de uma doutrina bíblica em particular, elas prontamente concordam. Contudo, quando solicitadas a explicar a mesma doutrina com suas próprias palavras, sem antes terem ouvido a resposta, frequentemente não conseguem explicá-la, ou tampouco citar um versículo que respalde sua alegação. Portanto, com a assistência de nosso pastor tenho escrito definições curtas e simples para cada uma das principais doutrinas bíblicas, com dois ou três versículos de referência. Com frequência tenho pedido às mulheres que discipulo para que escrevam suas próprias definições, com suas próprias palavras. Isto também inclui fazer definições verbais, encontrar os versículos na Escritura, e simular a explicação a outra pessoa. Peço que falem em voz alta, e às vezes até que pratiquem com alguém, para terem certeza de que estão falando com clareza. Tive uma professora de oratória na faculdade que nos fazia praticar em voz alta. Ela justificava que mesmo que ficássemos nervosas, seria muito mais provável que fazendo assim, teríamos uma apresentação mais clara. Naquela época eu não sabia que a Bíblia ensina que "o coração do sábio é mestre de sua boca e aumenta a persuasão nos seus lábios" (Provérbios 16.23). As mulheres precisam ser instruídas na sã doutrina, para que ensinem outras mulheres de modo bíblico e claro.

Discipulando em Caráter

Frequentemente eu pergunto a uma mulher mais jovem: "Que pecados ou que falhas de caráter você acha que Deus quer que você trabalhe?" E elas podem responder: "orgulho, ira, medo, fofoca, egoísmo". Certa vez perguntei a uma mulher quais eram os seus pecados. Ela não conseguiu citar nenhum, então perguntei o seguinte: "Se eu perguntasse ao seu marido o que ele gostaria que mudasse em você, o que ele diria?" E rapidamente ela me deu uma longa lista!

Em outra ocasião, perguntei a uma mulher qual pecado em sua vida deveria ser trabalhado, e ela foi muito vaga em definir que pecado seria. Então li para ela as obras da carne, descritas em Gálatas 5.19-21: "(...) prostituição, impureza, lascívia, idolatria, feitiçarias, inimizades, porfias, ciúmes, iras, discórdias, dissensões, facções, invejas, bebedices, glutonarias e coisas semelhantes a estas (...)" Não cheguei a passar da primeira palavra, prostituição, e ela logo me parou e pediu-me que a ajudasse.

Frequentemente, a mulher mais idosa observa uma área na qual acredita que uma mulher mais jovem deva trabalhar. Se isso acontecer, ela deve abordar a mais jovem de modo amoroso, porém claro e direto, e mostrar-lhe suas observações. Uma vez apresentados os pecados dos quais a mulher mais jovem deve retornar, a mulher mais madura precisa encontrar ou preparar uma lição bíblica para que a jovem faça, ou livros para que ela leia e que ambas possam discutir, capítulo por capítulo. Neste ponto, a jovem necessita ser incentivada a deixar aquele pecado e a revestir-se de uma atitude justa. A mulher mais velha deve perguntar-lhe semanalmente como tem ido e mostrar-lhe como ela deveria ter agido quando seu pensamento ou reação verbal foi pecaminoso. Este é um bom momento para começar a aprensentar-lhe uma lista específica de qualidades de caráter que a jovem deve desenvolver, de acordo com Tito 2.4 e 5 (estas qualidades serão apresentadas detalhadamente nos capítulos 3 e 4).

Discipulando em Ministério

Toda mulher cristã deve servir ao Senhor em algum ministério. Paulo escreveu a Timóteo que as "boas obras", como é próprio às mulheres que professam ser piedosas (1 Timóteo 2.10), devem ser o adorno das mulheres. Em geral, uma grande porção de seu ministério destina-se a seu marido e sua família, por meio dos cuidados e da oração por eles. Faça-lhe as seguintes perguntas: "Que dons espirituais você acredita ter?" ou "Se você puder fazer algo pelo Senhor, o que você gostaria de fazer?" Pode ser que ela tenha uma ideia do que gostaria de realizar. Talvez ela deseje dar aulas na Escola Dominical, mas não saiba como fazer isso. Pode ser que ela queira preparar refeições para os enfermos ou oferecer hospedagem aos visitantes que vêm de outra cidade para visitar sua igreja. Talvez seu coração esteja inclinado a visitar os idosos em um asilo ou a cantar no coro da igreja. Independente do trabalho que ela venha a desempenhar, é provável que esses desejos tenham sido colocados por Deus em seu coração, através de dons espirituais ou talentos naturais que Ele tenha lhe dado. Na verdade, pode ser viável que ela comece a servir ao Senhor em um nível mais abaixo do que ela realmente deseja.

Também é possível que Deus tenha concedido a ela desejos que se realizarão de um modo como ela nunca imaginou. Por exemplo, eu nunca me tornei uma missionária, mas tenho tido muitas oportunidades de ensinar, ajudar a suprir, e orar por mulheres que são missionárias. Pode ser que eu nunca vá de fato para o campo missionário, não obstante, o Senhor tem me usado indiretamente no campo para serví-Lo em nome de outros. Assim como provavelmente não era vontade de Deus que eu fosse para a África, ou eu não estava preparada naquela época para isso, uma mulher mais jovem pode não estar preparada para dar aula na Escola Dominical para crianças de cinco anos, por não ter paciência com crianças pequenas, ou por não ter um sólido conhecimento bíblico. Enquanto ela se reveste de paciência e de conhecimento doutrinário, ela pode ainda assim observar uma professora mais experiente ou trabalhar como auxiliar na classe.

Certa vez, eu ajudei uma mulher mais jovem que desejava dar estudos bíblicos em nossa igreja. Com a permissão dos líderes, dei-lhe pequenos momentos de ensino (um segmento de 5 ou 10 minutos em minhas lições que ela iria preparar e eu revisaria juntamente com ela). Ensinei-lhe como organizar suas próprias lições e a ensiná-las de maneira clara e coerente. Ela lecionava e eu, amorosamente, fazia minhas críticas ao conteúdo e à maneira como ela o apresentava. Até que, por fim, ela passou a dar estudos inteiros, e depois séries de estudos. Mesmo já tendo aquele dom dado por Deus, ela e as outras senhoras se beneficiaram do pequeno auxílio que dei a ela.

Servir ao Senhor é a vontade de Deus para todo crente.

"Pois somos feitura dele, criados em Cristo Jesus para boas obras, as quais Deus de antemão preparou para que andássemos nelas".

Efésios 2.10,
ênfase acrescentada.

É responsabilidade bíblica da mulher mais velha andar em boas obras, tais como ensinar e instruir as mais jovens, discipulando-as nestas três áreas – doutrina, caráter e ministério.

Exemplos de Discipulado

Sra. Hensley

A senhora Hensley é como o "Flautista de Hamelin". Ela faz reuniões noturnas quinzenais com senhoras mais jovens de sua igreja e comunidade. Nestas reuniões ela usa um material de ensino bíblico sobre como criar filhos. Ela nunca para. Quando chega à última lição, começa outra vez. As mulheres podem começar a participar das reuniões em qualquer momento, e suas aulas vão "de vento em popa". Ela é uma senhora preciosa, e as mais novas a amam!

Ela se dedica na preparação e no ensino de cada lição. E de fato, ela permanece numa mesma lição quantas semanas forem necessárias, até que todas compreendam o conteúdo. E, ainda, mais importante: as senhoras mais novas estão crescendo em seu amor por Deus à medida que veem as Escrituras sendo explicadas de maneira tal que podem ser aplicadas em sua vida prática.

Emily

Recentemente, Emily teve a oportunidade de discipular sua nora, ensinando-a como criar os filhos. Emily preparou suas lições com muito amor e fez reuniões com Melinda. Ela encorajava Melinda e ensinava-lhe o Evangelho. Certa vez, encontrei Melinda e perguntei-lhe se ela era convertida. Ela disse: "Não sou convertida ainda, mas Emily tem me ajudado a tornar-me crente no Senhor". E com o passar do tempo, ambas têm contemplado os frutos do discipulado piedoso e consistente, na vida do pequeno Zachery, de três anos de idade.

Maribeth

Maribeth é uma senhora solteira de quarenta e nove anos. Ela nunca se casou e trabalha como analista de sistemas para uma grande firma. No trabalho, ela é rodeada de mulheres mais jovens, e algumas delas a procuram para compartilhar seus problemas e receber conselhos cristãos. Sejam perguntas sobre a vida sentimental, como continuar ou não saindo com um determinado rapaz ou problemas com um marido incrédulo, Maribeth aprendeu a buscar nas Escrituras a resposta para cada um desses dilemas e a oferecer-lhes esperança. Ela tem tido a alegria de ver o Senhor operar na vida de muitas mulheres jovens. Maribeth prefere estar num "ministério" com mulheres em seu local de trabalho, desde que o Senhor a use para Sua Glória ali naquele lugar!

Sandy

Sandy dá aulas na Escola Dominical para cerca de vinte mulheres. Ela as instrui e compartilha de sua vida com elas. Estas mulheres frequentemente a chamam, para pedir auxílio com seus problemas. Sandy atualmente está fazendo um curso em aconselhamento bíblico, a fim de preparar-se melhor para responder aos questionamentos de maneira prática e dar-lhes o correto direcionamento. É óbvio que Sandy ama muito ao Senhor, e é uma alegria estar perto dela. Agora que seus filhos são quase adultos, ela tem tido muito mais tempo para ir de encontro a outras mulheres, e tem usado seu tempo com sabedoria.

Conclusão

Independente do que você esteja ensinando às mulheres mais jovens, seja corte e costura, conhecer as doutrinas bíblicas, buscar um caráter piedoso ou servir ao Senhor em algum ministério para com sua família, igreja ou amigos, Deus quer que as mulheres mais velhas instruam as mais novas. Eu acho bem útil ter algum tipo de método organizado. Independente das limitações ou êxitos da mulher mais jovem, eu tento ajudá-la nas três áreas mencionadas neste capítulo – doutrina, caráter e ministério. Obviamente que algumas mulheres precisam de mais ajuda em determinadas áreas do que outras. Meu alvo é ajudá-las a amadurecer ao ponto de elas poderem, com a graça de Deus, ajudar outras mulheres, de modo que agradem e honrem ao Senhor Jesus Cristo.

Nos primeiros três capítulos expliquei o amplo aspecto das áreas nas quais discipulo mulheres mais jovens. Estas são as áreas nas quais o Senhor tem me amadurecido desde o começo de minha caminhada cristã. As áreas de doutrina, caráter e ministério são as que abordo quando discipulo outras mulheres. Agora, quero passar à segunda parte deste livro – como age uma mulher sábia e conselheira?

Questões Para Estudo

1- Um dos meus objetivos é que você se torne bastante familiarizada com a passagem de Tito 2.3-5. Para isso, separe um tempo para copiar esta passagem no espaço a seguir:

2-Releia o que você escreveu na questão anterior e medite cuidadosamente sobre isso. O que Paulo está dizendo? Como você pode explicar isso a outra pessoa? Escreva novamente a passagem de Tito 2.3-5, porém, desta vez com suas próprias palavras.

3- De acordo com Tito 2.3-5, como as mulheres idosas devem ser? Em outras palavras, como o apóstolo Paulo descreve o caráter da mulher idosa?

4- Com base em Tito 2.3-5, liste o que a mulher mais velha deve ensinar e instruir às mulheres mais jovens.

5- Se uma mulher idosa estivesse discipulando você, o que você gostaria que ela fizesse?

6-Em Tito 2.3-5, Paulo foi bem detalhista, quando descreveu o papel da mulher idosa na vida da mulher mais jovem. No sentido geral, todos os crentes devem ministrar uns aos outros. Encontre os seguintes versículos e escreva algumas das outras maneiras pelas quais as mulheres devem estar envolvidas nas vidas umas das outras.

A. Gálatas 6.2

B. Mateus 22.39

C. 1 João 4.7

D. 1 Pedro 4.9

E. Hebreus 3.13

F. 1 Tessalonicenses 5.14-15

G. Gálatas 6.10

Parte 2

Como age a mulher sábia e conselheira?

Capítulo 4

Seu caráter

Quando uma mulher mais velha faz amizade com uma mais nova, é provável que ela influencie os pensamentos e ações da mulher mais jovem. Isto pode ser bom ou ruim. Por exemplo, é ruim quando uma mulher mais velha leva uma mais jovem à heresia. É bom quando a mulher mais velha tem um conhecimento doutrinário sólido. É ruim quando uma mulher idosa se rebela contra a autoridade dos líderes de sua igreja ou de seu marido. É bom quando ela se coloca graciosamente sob tais autoridades. É ruim quando a mulher mais velha é fofoqueira. É bom quando ela é como "as santas mulheres" (1 Pedro 3.5).

Obviamente, Deus não quer que uma mulher idosa seja uma má influência para a mulher cristã mais jovem. Ao contrário, Ele deseja que ela tenha o caráter piedoso descrito em Tito 2.3-5:

> "Quanto às mulheres idosas, semelhantemente, que sejam <u>sérias em seu proceder, não caluniadoras, não escravizadas a muito vinho; sejam mestras do bem, a fim de instruírem as jovens recém-casadas</u> a

amarem ao marido e a seus filhos, a serem sensatas, honestas, boas donas de casa, bondosas, sujeitas ao marido, para que a palavra de Deus não seja difamada".

(ênfase acrescentada)

Este capítulo explica como a mulher cristã pode desenvolver o caráter descrito em Tito 2. Independente da idade que tenha agora, ela pode se tornar uma mulher idosa que realmente seja "mestra do bem" e "instrua as jovens recém-casadas" (Tito 2.3 e 4).

As Características das Mulheres Sérias em Seu Proceder

A palavra grega para "sérias" é *hieroprepeis*. São duas palavras gregas colocadas juntas para formar uma só palavra. *Hieros* significa "sagrado" ou "serviço sagrado". *Prepei* significa "apropriado", ou "adequado". Proceder é a palavra *katastema*, que significa "conduta", "procedimento" ou "comportamento" (comportamento é como você age)[1]. Em outras palavras, você deve se comportar apropriadamente. A versão da Bíblia King James expressa isso de maneira belíssima: "comportem-se como convém à santidade".

Matthew Henry descreveu esta mulher como aquela "cujo comportamento a torna consagrada a Deus"[2]. Ela deve agir e vestir-se de modo que agrade a Deus. Seu exterior deve ser diferente do mundo e seu interior, santo.

Moderada na Maneira de Vestir-se e Reverente em Sua Atitude

Como uma mulher piedosa pode ser séria em seu proceder? Uma das formas é a maneira como ela se veste. Ela deve vestir-se de modo feminino, e não como homem. Ela deve ser modesta, e não sensual ou provocativa. Ela deve se alegrar com a liberdade que tem no Senhor para vestir-se e maquiar-se, porém sem ostentação ou futilidade. Ao contrário, deve adornar-se de boas obras, como Paulo escreveu a Timóteo:

> *"Da mesma sorte, que as mulheres, em traje decente, se ataviem com modéstia e bom senso, não com cabeleira frisada e com ouro, ou pérolas, ou vestuário dispendioso, porém com boas obras (como é próprio às mulheres que professam ser piedosas)".*
>
> 1 Timóteo 2.9-10

Em certa ocasião, eu ministrei uma palestra para um grupo de senhoras numa igreja onde as mulheres criam que era pecado que uma mulher crente usasse jóias. Aparentemente, de acordo com a carta de Paulo a Timóteo, elas parecem ter razão. Contudo, o apóstolo Paulo não está dizendo em 1 Timóteo que as mulheres cristãs não devam fazer penteados nos cabelos ou usar jóias. Paulo estava escrevendo para Timóteo, o qual deixou em Éfeso como pastor de uma nova igreja. Em Éfeso, as prostitutas do templo eram conhecidas por seu estilo espalhafatoso, insinuante, vaidoso e extravagante de usar os penteados e as jóias. A beleza daquelas prostitutas era apenas superficial e vazia. Paulo não queria que as mulheres cristãs se parecessem com as mulheres mundanas. Elas deveriam ser diferentes. Portanto, o que esta passagem mostra é que a maneira cristã de se vestir deve ser livre de ostentação. Se a mulher vai destacar-se, que seja por causa das suas boas obras, feitas com discrição.

Pedro escreveu sobre algo semelhante, com relação aos crentes espalhados pelo mundo. Em 1 Pedro 3.3-4 ele menciona o adorno próprio da mulher piedosa:

> *"Não seja o adorno da esposa o que é exterior, como frisado de cabelos, adereços de ouro, aparato de vestuário; seja, porém, o homem interior do coração, unido ao incorruptível trajo de um espírito manso e tranqüilo, que é de grande valor diante de Deus".*

Nesta passagem, Pedro, assim como Paulo, não está dizendo que a mulher não possa usar adornos, jóias ou penteados. Se ele estivesse dizendo isso, elas teriam sido proibidas de usar vestidos também! No entanto, ele está dizendo que o adorno externo das mulheres não deve ser o atrativo. Sua verdadeira beleza deve vir de dentro – "de um espírito manso e tranquilo". Este tipo de mansidão é a gentileza. É aceitar tudo quanto Deus faz como benefício. Ela não resiste, nem disputa com Deus. Além de um coração manso, ela tem um espírito tranquilo; pacífico e calmo. Ela não é entregue à ira ou ao medo.

Sua atitude é como a da "Esposa Excelente", em Provérbios 31. Sua atitude diante do futuro mostra sua reverência e confiança tranquila em Deus. "No tocante à sua casa, não teme a neve, pois todos andam vestidos de lã escarlate" e "a força e a dignidade são os seus vestidos, e, quanto ao dia de amanhã, não tem preocupações" (Provérbios 31.21 e 25).

Há um jovem casal precioso em nossa igreja. Certa vez, o porão da casa de Duane e Cynthia foi inundado de água porque a bomba do reservatório de água parou de funcionar. Ela ficou muito perturbada e ligou para o marido no trabalho, pedindo-lhe que viesse em casa para consertar. Ele lhe disse que não podia deixar o trabalho, mas que ele a orientaria como consertar a bomba quebrada. Ela não lidou com isso muito bem, apesar dele ter explicado pacientemente o que fazer. Por fim, ela cedeu e fez como Duane pedira. Eis que a bomba voltou a funcionar! Mais tarde, seu marido ligou novamente para saber se ela havia voltado ao seu "espírito manso e tranquilo" (1 Pedro 3.5), com a graça de Deus.

Esse é um extraordinário exemplo de marido amoroso que tentou ajudar sua esposa a ser reverente em seu proceder. Ao invés de ficar ofendida com seu pedido, uma mulher piedosa deve ser grata pelo apelo gentil que seu marido faz. Além dos maridos lembrarem suas esposas que tenham uma atitude sóbria e reverente, as mulheres idosas também devem lembrar às mais jovens. De fato, as próprias mulheres mais velhas devem ser "sérias em seu proceder" (Tito 2.3).

Deixe-me resumir a questão. As mulheres piedosas transmitem reverência em seu comportamento ao não se vestirem de maneira sensual, insinuante, masculina ou excessivamente chamativa, com ostentação. Ao contrário, seu adorno são as boas obras e seu espírito manso e tranquilo. A sua atitude interior (seus pensamentos) é agradável a Deus. Além disso, a mulher piedosa é...

Respeitosa em Seu Agir

Outro modo de a mulher piedosa ser séria em seu proceder é pelo modo como ela age. Ela demonstra amor aos outros lembrando que o amor "não se conduz inconvenientemente" (1 Coríntios 13.5). Ela tem boas maneiras. Ela não empurra para entrar logo na loja de departamento. Ela não dá vexame, gritando com o caixa ou fazendo ameaças em voz alta, quando as coisas não saem como ela quer. Ela não faz escândalo ou é desagradável, ou sai atropelando as pessoas como um rolo compressor. Ela se comporta. Ela é uma dama tanto em casa como em público.

Quero esclarecer uma coisa: ser respeitosa em seu agir não significa que ela sussurra quando fala, ou se esconde, ou não olha nos olhos quando lhe dirigem a palavra. Eu conhecia uma senhora que sussurrava ao falar, e eu me lembro de ter pensado: "Ela é tão doce, feminina e piedosa..." Isso era o que eu pensava antes de conhecer seu caráter! Logo vi que ela era cruel como uma serpente, mas, certamente, ela sussurrava ao destilar seu veneno.

Em contraste, mulheres realmente respeitosas em seu proceder desfrutam a vida. Elas riem e falam alto o suficiente para os outros ouvirem. Elas não têm uma falsa compreensão de espiritualidade. Elas se divertem e amam o Senhor. Desejam que os outros se sintam bem. Demonstram amor aos outros agindo apropriadamente, ao regozijarem-se em cada dia que o Senhor fez. Seu traje, sua atitude e comportamento são agradáveis ao Senhor. Elas são uma versão moderna das santas mulheres de outrora (1 Pedro 3.5).

Portanto, a mulher descrita em Tito 2 é respeitosa em seu agir. Ela também não deve ser maledicente.

Não Caluniadoras

"Não caluniadoras" em grego é *"me diabolos"*. *Diabolos* é a palavra traduzida por Diabo ou Satanás. Significa acusar, repudiar, dar falso testemunho, fazer mexerico[3]. Obviamente, a fofoca é um pecado gravíssimo. Muitas vezes, é um pecado socialmente aceitável. É tão fácil deixar aquela mínima informação escapar, especialmente se você estiver chateado com alguém. A mulher idosa deve ser íntegra com relação à informação que uma mulher mais jovem tenha compartilhado com ela. Seu objetivo deve ser ajudar a mulher mais jovem a agir com retidão para com aqueles que a magoaram e ofenderam. A mulher de Tito 2 guarda cuidadosamente suas palavras e não fala muito; ela dá conselhos piedosos, mas não faz fofoca.

Guarda cuidadosamente suas palavras

> "Da mesma sorte, quanto às mulheres, é necessário que sejam elas respeitáveis, <u>não maldizentes</u>, temperantes e fiéis em tudo".
> 1 Timóteo 3.11,
> ênfase acrescentada.

Ontem fui ao correio e encontrei uma senhora da minha classe de estudo bíblico. O filho dela sofrera uma fratura séria na perna, e conversamos sobre esse acidente. Um senhor chegou e entrou na fila atrás de nós. Percebi que ele achava que nós estávamos na fila, mas não estávamos, então lhe disse: "senhor, nós não estamos na fila, estamos apenas conversando". Ele riu e disse: "Eu sei como as mulheres são. Tenho cinco irmãs e sou o único filho homem. Tenho uma esposa e quatro filhas!" Ele estava brincando conosco, mas de fato, ele tinha razão. As mulheres realmente gostam de falar! É claro que não há nada de errado em conversar, <u>a menos que</u> não se tenha cuidado com as palavras. O critério bíblico para as palavras que você diz pode ser resumido nestes três princípios: fale palavras edificantes, fale a verdade e fale palavras de boa reputação.

Palavras edificantes

> "Não saia da vossa boca nenhuma palavra torpe, e sim unicamente a que for boa para edificação, conforme a necessidade, e, assim, transmita graça aos que ouvem."
> Efésios 4.29

A boa palavra edifica os outros. Ela não é uma forma falsa ou manipulativa de elogio. A palavra deve ser dita com o intuito de ajudar ao outro a ser forte no Senhor ou a assemelhar-se mais ao Senhor Jesus Cristo. Pode ser uma palavra de encorajamento ou de exortação. Depende do que seja mais apropriado. Tais palavras honram ao Senhor e possuem propósito eterno e valioso.

A mulher descrita em Tito 2 deve estar repleta da Palavra de Deus, se ela deseja verdadeiramente edificar os outros. Seu desejo deve ser o de ajudar a outra pessoa a assemelhar-se a Cristo. Ela deve ser sensível, "conforme a necessidade" (Efésios 4.29). O propósito da palavra é transmitir "graça aos que ouvem" (Efésios 4.29). Suas palavras são boas e benevolentes aos que a ouvem, e não torpes. Torpe é o mesmo que apodrecido. Compare os seguintes exemplos de "palavra torpe (apodrecidas)" com a "palavra benevolente (boas)".

A Mulher de Tito 2 fala palavras de edificação. Suas palavras transmitem graça aos que a ouvem. Elas não são torpes. Elas são também verdadeiras:

PALAVRA TORPE	PALAVRA BOA, BENEVOLENTE
"Seu marido é um estúpido! Isso é a pior coisa que já ouvi!"	"O Senhor quer que você abençoe seu marido, ao invés de pagar o mal com o mal". 1 Pedro 3.11
"Se eu fosse você, eu o deixaria. Eu não permitiria que ele me tratasse assim."	"Sei que as circunstâncias que você vive são difíceis, mas se você for sofrer, sofra por fazer o que é certo."
"Adivinha o que eu ouvi sobre a Judy?"	"Adivinha o que eu aprendi com a Bíblia hoje?"
"Deixe-me contar-lhe os detalhes da cena de sexo que li neste livro."	"Deixe-me contar-lhe o que eu li no livro *The Holiness of God*, de R. C. Sproul."
"#*!!&@#. Isso me deixa furiosa!"	"Obrigada, Senhor, por essa prova. Ajuda-me a responder em amor."

Palavras verdadeiras.

"Por isso, deixando a mentira, fale cada um a verdade com o seu próximo, porque somos membros uns dos outros".

Efésios 4.25

Paulo escreveu à igreja em Éfeso que não era suficiente deixar de mentir, apenas; eles também deveriam falar a verdade. Às vezes, nós não falamos uma mentira com todas as letras, mas, de certa forma, mentimos ao omitirmos parte da história, ou por enganarmos o outro de alguma outra forma.

Quando trabalhei no Atlanta Biblical Counseling Center, tive clientes que mentiram, descaradamente, para mim. Às vezes, os resultados eram trágicos, porque eu dei conselhos com base naquilo que acreditava ser a verdade. Mas meu conselho teria sido diferente se eu soubesse a verdade.

Outros clientes não mentiam abertamente, mas usavam uma tática do tipo "se ela não me perguntar, eu não direi". Obviamente, eram tão enganadores quanto aqueles que mentiam abertamente. Assim como alguns dos meus clientes, é muito fácil sermos caluniadores, escondendo parte da verdade ou, é claro, mentindo abertamente. Mas devemos fazer o contrário, as palavras que dizemos precisam ser verdadeiras.

Contudo, uma palavra de precaução: entenda que, mesmo quando falamos a verdade, ainda assim, podemos caluniar o nosso próximo. Mesmo falando a verdade, você pode dar mau testemunho ao invés de bom testemunho.

Palavras de "boa fama"

Ao guardar cuidadosamente suas palavras, considere se aquilo que você está para dizer é de "boa fama" (Filipenses 4.8). Pensamentos e, subsequentemente, palavras de boa fama não levam à calúnia ou difamação, mas favorecem a reputação do outro. Estes são os tipos de pensamentos com os quais devemos ter muito cuidado. De outra sorte, poderemos dar falso testemunho e nos tornarmos aquilo que Tito 2.3 diz para não sermos – caluniadoras.

Se há algo sobre a outra pessoa que possa difamá-la, vá até ela e fale sobre isso. Sua conduta deve ser amável e gentil, contudo clara, verdadeira e direta. Seja alguém que transmita esperança, e não um mau testemunho. Não seja caluniadora.

Além de guardar cuidadosamente as suas palavras...

Não fale demais!!!

"No muito falar não falta transgressão, mas o que modera os lábios é prudente".

Provérbios 10.19

Sei que não sou a única culpada por falar demais. Se continuarmos falando demais, é provável que digamos algo que não deveríamos. É tão fácil ir além do limite daquilo que é correto! Mas ao contrário, a mulher piedosa tem autocontrole. Ela fala à pessoa, ela não fala da pessoa. Como uma mulher mais jovem ou qualquer outro poderá confiar em você, se não é sábia naquilo que diz?

Há uma determinada senhora crente que tem a má reputação de ser caluniadora. Ela não somente faz fofoca como se empenha muito em descobrir coisas sobre os outros. Ela chama os outros e faz perguntas diretas que, obviamente, não são da sua conta. Você deve estar atenta contra pessoas assim. Se não tomar cuidado, antes que dê conta, você terá contado mais do que deveria. Cuidado com as fofocas! Diga algo do tipo: "Se continuarmos falando sobre isso, ou se eu continuar ouvindo o que você diz, vamos começar uma fofoca". Portanto, senhoras, falem, mas não falem muito!

Você deve estar pensando: "Não quero fazer fofoca, mas o que devo fazer se outra mulher quiser me contar um problema que ela está tendo em seu relacionamento, e não sabe o que fazer?" Suponhamos que ela venha até você com um problema que ela tenha com uma amiga da igreja. Primeiramente, certifique-se de que ela deseja agir com retidão. Se for assim, ouça apenas aquilo que for suficiente para que você possa oferecer-lhe um conselho bíblico, tal como: "Você precisa ir até sua amiga e gentilmente confrontá-la com seu pecado. Sua motivação deve ser sempre a de ajudá-la a restaurar seu relacionamento com

Deus" (Gálatas 6.1). Mostre para ela versículos apropriados e aponte sua responsabilidade.

Se ela voltar a você para conversar sobre isso, mas não quiser falar com a amiga dela, então não ouça, e explique: "Da última vez que conversamos, eu ouvi o suficiente para dar-lhe um direcionamento bíblico. Mas, se continuarmos a falar sobre isso estaremos apenas fazendo fofoca". Encoraje-a para que faça o que é reto, ore com ela, e mais tarde, procure saber se ela seguiu seu conselho. Mas não se deixe enredar pela fofoca!

Calúnia é um pecado constante para muitas mulheres, sejam jovens ou idosas. Devemos sempre estar atentas para falarmos apenas aquilo que for verdadeiro, respeitável e de boa fama. Em outras palavras, é melhor não falar muito. Quando for apropriado dar conselhos piedosos, concentre-se na responsabilidade que a mulher jovem tem de responder biblicamente aos outros. Comece agora a cultivar o caráter da mulher descrita em Tito 2, aquela que não é caluniadora.

Como temos visto, a mulher em Tito 2 não deve ser caluniadora, mas deve ser séria em seu proceder. Isso não é tudo. Ela também não é escravizada a muito vinho (Tito 2.3).

Não Escravizada a Muito Vinho

Parece que na ilha de Creta, nos dias do apóstolo Paulo, havia um problema maior do que o normal com mulheres bebendo além da conta. Até as doces vovózinhas ficavam bêbadas!

Ao contrário do pensamento popular de hoje em dia, a embriaguez é pecado. É uma das obras da carne, listadas em Gálatas 5 como característica dos injustos que "não herdarão o reino de Deus" (1 Coríntios 6.9). Ser "escravizada" é a palavra grega *douleuo*, que significa "ser escrava, servir, ou estar em cativeiro"[4]. *Douleuo* vem da palavra *doulos* que significa escravo. A Bíblia nos ensina que somos escravos do que servimos – seja da nossa própria carne pecaminosa, ou do Senhor Jesus Cristo.

O apóstolo Paulo admoesta a todos os crentes para que "andemos dignamente, como em pleno dia, não em orgias e bebedices, não em impudicícias e dissoluções, não em contendas e ciúmes; mas revesti-vos do Senhor Jesus Cristo e nada disponhais para a carne no tocante às suas concupiscências" (Romanos 13.13-14, ênfase acrescentada). Obviamente que a mulher escravizada a muito vinho será quase inútil em sua tentativa de ajudar alguém. Seria patético! Graças ao Senhor, uma mulher cristã escravizada ao vinho pode, pela graça de Deus, arrepender-se e deixar este pecado.

Senhoras, o álcool não deve ser um problema em sua vida. Se você ingerir muita bebida alcoólica, você terá o desejo de beber mais e mais. Isso vai, mais cedo ou mais tarde, enredar você e a fará cair numa armadilha que, não importa o quanto você beba, nunca será suficiente. Se isso é um problema para você, confesse a Deus o seu pecado, retire toda a tentação de dentro de sua casa, busque conselho bíblico e seja responsável. Se você se humilhar e buscar auxílio, Deus lhe dará graça para prosseguir em retidão. Chegará o dia em que o álcool não será mais uma tentação ou problema para você. Sei disso porque um dia eu já fui escrava do álcool. Hoje, eu nem mesmo penso nele. Deus transformou tanto o meu caráter que isso deixou de ser um problema para mim.

Todos nós escolhemos a quem obedecemos. Uns obedecem a Deus e outros obedecem aos seus desejos carnais e concupiscências. Veja o que Paulo escreveu aos membros da igreja em Roma:

> *"Não sabeis que daquele a quem vos ofereceis como servos para obediência, desse mesmo a quem obedeceis sois servos, seja do pecado para a morte ou da obediência para a justiça? Mas graças a Deus porque, outrora, escravos do pecado, contudo, viestes a obedecer de coração à forma de doutrina a que fostes entregues; e, uma vez libertados do pecado, fostes feitos servos da justiça".*
>
> Romanos 6.16-18

Durante o dia inteiro, todos os dias, nós decidimos no que iremos pensar ou o que iremos fazer. Pense nisso como uma questão de obediência. Se você obedece a Deus, "jamais satisfareis a concupiscência da carne" (Gálatas 5.16). Isso significa que nem sempre você será capaz de fazer aquilo que deseja (Gálatas 5.17). Se o álcool é um problema para você, a sua carne te impulsionará grandemente a ceder a isso, porém, à medida que você obedece a Deus e pede que Ele lhe conceda força e direcione seus pensamentos a desejos mais elevados, como orar pelos outros, Deus fará com que seja cada vez mais fácil para você resistir ao seu ego pecaminoso. Eventualmente, por Seu poder, você será vitoriosa sobre a embriaguez.

Muitas de vocês, provavelmente, não são atormentadas pelo vício da bebida. Contudo, aqui há uma segunda aplicação. Podemos ser escravizadas à televisão, comida, novelas, ou a medicamentos controlados. Mesmo que algo seja "lícito", tal como medicamentos controlados, não significa que seja proveitoso. Paulo explica:

> "Todas as coisas me são lícitas, mas nem todas convêm. Todas as coisas me são lícitas, mas eu não me deixarei dominar por nenhuma delas".
>
> 1 Coríntios 6.12

Ser dominado por alguma outra coisa e não pelo Senhor Jesus Cristo é um grave pecado, mas pela graça de Deus você pode se arrepender. Paulo escreveu à igreja de Corinto e os advertiu severamente de que os bêbados não herdarão o reino de Deus (1 Coríntios 6.10). Em seguida vem a notícia surpreendente:

> "Tais _fostes_ alguns de vós; mas vós vos lavastes, mas fostes santificados (feitos santos), mas fostes justificados (declarados justos por Deus) em o nome do Senhor Jesus Cristo e no Espírito do nosso Deus".
>
> 1 Coríntios 6.11,
> adaptação acrescentada.

Ao invés de buscar bebida ou comida, use esta mesma força para pensar em Deus – em Sua bondade, misericórdia e santidade. Pense em como Ele deseja que você O glorifique com a mesma força que teria levado você a buscar aquilo de que é escrava. Pergunte a si mesma: "O que eu desejo fazer nesse espaço de tempo?" A resposta é geralmente óbvia: "Portanto, quer comais, quer bebais ou façais outra coisa qualquer, fazei tudo para a glória de Deus".

1 Coríntios 10.31

Conclusão

Neste capítulo consideramos três características da mulher descrita em Tito 2. Ela é séria em seu proceder, não caluniadora e não escravizada a muito vinho (ou a qualquer outra coisa!). Ela é madura, constante e tem domínio próprio. É uma mulher em quem os líderes da igreja podem confiar como uma boa influência na vida das mais jovens. Ela é uma mulher que continua a trabalhar essas qualidades em sua vida e continua a pedir a Deus sabedoria, convicção e graça. Deus tem lançado em seu interior o fundamento do caráter piedoso que ela necessita, a fim de instruir e ensinar as mulheres mais jovens.

Questões Para Estudo

1. O que significa ser "séria em seu proceder"?

2. Como as mulheres devem adornar-se?
A. Segundo 1 Timóteo 2.9-10 –

B. Segundo 1 Pedro 3.3-4 –

3. O que significa ter um "espírito manso e tranquilo"?

4. Cite dois ou três exemplos de palavras torpes que você já tenha dito (veja Efésios 4.29). Agora escreva o que você deveria ter dito – palavras boas e benevolentes.

5. Filipenses 4.8 nos mostra que devemos ter pensamentos que sejam "de boa fama". O que isso significa? Cite dois exemplos.

6. Explique o que você deve fazer se uma senhora lhe pedir conselho sobre uma amiga que esteja em pecado.

7. A quê uma mulher pode ser escravizada, além do álcool?

8. Releia Romanos 6.16-18. Há alguma coisa que lhe vem à mente da qual você seja escravizada?

9. Qual é a sua oração?

Capítulo 5

Sua responsabilidade para com as mulheres mais jovens

"Quanto às mulheres idosas, semelhantemente, que sejam sérias em seu proceder, não caluniadoras, não escravizadas a muito vinho; <u>sejam mestras do bem, a fim de instruírem as jovens recém-casadas</u> a amarem ao marido e a seus filhos, a serem sensatas, honestas, boas donas de casa, bondosas, sujeitas ao marido, para que a palavra de Deus não seja difamada".

Tito 2.3-5,
ênfase acrescentada.

As mulheres idosas são admoestadas em Tito 2 a serem mestras e encorajarem as mais jovens. Com frequência, as mulheres mais idosas conseguem discernir ações ou padrões de pensamento pecaminosos ou insensatos nas mulheres mais jovens. Elas vão orar pelas mais jovens e não farão nada mais. Por quê? Uma resposta comum parece ser a seguinte: "Se eu disser alguma coisa, ela ficará furiosa comigo". Isso me faz lembrar o verso de uma canção que diz assim: "Oh querida, qual é o problema?".

Provavelmente, o "problema" se deve ao modo errado de pensar, e por causa das possíveis reações, tanto por parte das mulheres idosas quanto das mais jovens. A mulher mais velha pode temer que algo desagradável venha transparecer. Ela provavelmente cresceu acreditando que não se deve dizer nada, a não ser que o outro lhe peça ajuda. Por outro lado, a mulher mais jovem pode ser orgulhosa e tornar-se defensiva se alguém pensar que ela é qualquer coisa menos que perfeita. Ela provavelmente cresceu acreditando que se alguém a reprova demonstra que não a aceita como ela é, não a ama, e, portanto, fazendo-a sentir-se mal.

Obviamente isto é um problema, pois Deus tenciona que a mulher idosa instrua a mais jovem. Este processo deve ser tão natural como o ato de calçar uma luva que lhe cai perfeitamente bem. Se ambas fizerem o que é certo – a mulher idosa for, amorosamente, ao encontro da mais jovem, e a mulher jovem reagir com um coração dócil e humilde – Deus será glorificado, a mulher idosa irá superar seu temor e a mais jovem crescerá em graça.

Ao invés de queixar-se de temer a reação das mulheres mais jovens, as mulheres cristãs idosas devem orar por elas, envolver-se em suas vidas, e instruí-las, quer seja em particular ou em público. O decorrer deste capítulo, e deste livro, vai explicar como fazer isso.

Sejam Mestras do Bem

"Mestras do Bem" é a combinação de duas palavras gregas, que resultam numa só. *Didaska* significa "um instrutor, conhecimento teórico e prático"[1]. A palavra "didática" vem desta palavra grega. A segunda palavra, *kalos*, quer dizer "bom, louvável, excelente, digno de honra, correto e são"[2].

Lembro-me do tempo em que eu era jovem e, como nova convertida, lutava numa área em particular, de submissão ao meu marido. Eu sabia que estava pecando e confessava meu pecado regularmente. Contudo, continuava caindo, até que decidi buscar ajuda. Ao pensar a quem deveria recorrer, pensei em Dori.

Dori era uma senhora em minha igreja que conhecia bem a Palavra de Deus e parecia ser um autêntico exemplo de esposa submissa, segundo a Bíblia. Liguei para ela e perguntei se podia marcar um encontro. Planejamos nos encontrar na casa dela na terça seguinte. Era inverno e ela me recebeu com um chá bem quente. Enquanto tomávamos nosso chá, expliquei-lhe minha luta.

Ela me perguntou: "Por que você me procurou?" A resposta foi simples: "Porque eu sabia que você me falaria a verdade". E ela o fez, com amor, mas de modo bem direto, com base nas Escrituras. O Senhor a usou em minha vida como "mestra do bem". Ela era um maravilhoso exemplo da mulher descrita em Tito 2, a quem Matthew Henry descreveu como alguém que "por meio do exemplo e da vida correta... dá instrução doutrinária em casa e em particular".

Como você pode tornar-se uma mulher como Dori, uma mestra do bem? Você precisa começar...

Estudando a sã doutrina

Todos os crentes são admoestados a estudar profundamente as Escrituras. Paulo escreveu a Timóteo:

> *"Procura apresentar-te a Deus aprovado, como obreiro que não tem de que se envergonhar, que maneja bem a palavra da verdade".*
>
> 2 Timóteo 2.15

Como dissemos anteriormente, doutrina é o que a Bíblia ensina sobre determinado assunto. É tão importante que as mulheres estudem, diligentemente, a fim de que não tenham de que se envergonhar e não sejam levadas por todo vento de doutrina (Efésios 4.14).

Ao invés de "se deixarem levar", as mulheres devem estudar as passagens que falam sobre mulheres, esposas, mães, e também devem estudar sobre o caráter de Deus, a doutrina da salvação, e a doutrina do pecado. Elas devem, num sentido prático, saber como o crente deve despir-se da ira e, em lugar dela, revestirem-se de bondade, compaixão e perdão (Efésios 4.31-32). Elas devem saber em profundidade que o amor "é paciente, é benigno..." (1 Coríntios 13.4-7).

Estudar a Palavra de Deus diligentemente é um mandamento do Senhor. A Bíblia é diferente de qualquer outro livro. Ela é inspirada por Deus de um modo único. Ela é "viva e eficaz" (Hebreus 4.12) e pode ser usada para nos proteger do diabo. Veja como Jesus respondeu a Satanás, quando foi tentado por ele no deserto:

> "Está escrito: Não só de pão viverá o homem, mas de toda palavra que procede da boca de Deus".
>
> Mateus 4.4

Pense em Jó. Ele era um homem que ansiava por Deus: "Do mandamento de seus lábios (de Deus) nunca me apartei, escondi no meu íntimo as palavras da sua boca". (Jó 23.12, adaptação acrescentada).

Aprender e praticar a Palavra de Deus torna-nos sábios – "Os teus mandamentos me fazem mais sábio que os meus inimigos" (Salmo 199.98). Ela é a marca do verdadeiro discípulo – "Disse, pois, Jesus aos judeus que haviam crido nele: Se vós permanecerdes na minha palavra, sois verdadeiramente meus discípulos" (João 8.31). Ela garante nossa completa habilitação – "Toda a Escritura é inspirada por Deus e útil para o ensino, para a repreensão, para a correção, para a educação na justiça, a fim de que o homem de Deus seja perfeito e perfeitamente habilitado para toda boa obra" (2 Timóteo 3.16-17).

Você precisa estudar a Bíblia e aprender a usá-la no contexto correto, se verdadeiramente deseja ser uma "mestra do bem". Participar de estudos bíblicos semanais que ensinem a sã doutrina e sejam repletos de alimento espiritual. Não desperdice sua energia em passatempos inúteis. Leia livros bons e que contenham doutrinas sólidas. Leia a Bíblia e medite em seu significado.

Estude minuciosamente as passagens que falam sobre mulheres e sobre outras doutrinas importantes. Até que você as memorize, faça anotações em sua Bíblia, com referências, para que você possa encontrar facilmente essas passagens quando estiver conversando com alguém. O quadro seguinte é uma cópia da página de referências cujas passagens eu encontrei, anotei e afixei numa das primeiras páginas de minha primeira Bíblia de estudo:

DOUTRINA	REFERÊNCIAS
Inspiração da Escritura	2 Timóteo 3.16-17
	2 Pedro 1.20-21
	João 5.46-47
	João 17.17
O Evangelho	Romanos 3.23
	Isaías 53
	Efésios 2.8-9
	João 3.16,17
	1 Pedro 2.24
	2 Coríntios 5.21
	Atos 26.19-20
Certeza da Salvação	1 João 5.10-13
	João 6.47
	João 3.16, 18,36
	Romanos 10.9, 10, 13
	Tito 1.2
Jesus é Deus	João 14.7
	João 10.25-30
	Tito 2.13; 3.4
	João 1.1, 14
Esposas e Submissão	Tito 2.3-5
	Efésios 5.22-24, 33
	1 Pedro 3.1-7
	Colossenses 3.18

A mulher descrita em Tito 2 estuda a Palavra de Deus diligentemente. Ela é como minha amiga Dori, que abriu a Bíblia, instruiu-me e explicou-me como eu poderia aplicar a doutrina de maneira prática em minha vida. Dori não apenas estudou a doutrina e soube manejá-la bem; ela era um exemplo diante de mim, vivendo aquela doutrina em sua vida.

Tornando-se exemplo

Além de mestra do bem, a mulher descrita em Tito 2 também deve viver as doutrinas bíblicas. Ela respeita as autoridades do governo (1 Pedro 2.17), demonstra respeito para com os pastores de sua igreja (1 Tessalonicenses 5.12-13) e respeita seu marido (Efésios 5.33). Ela tem a atitude de estar sempre a favor do marido ou dos maridos das mulheres mais jovens, e não contra eles (Provérbios 31.12). Ela é a "Esposa Excelente" de Provérbios 31.12 que *"lhe faz bem (ao seu marido) e não mal, todos os dias da sua vida"* (adaptação acrescentada).

Ela admite quando está errada porque é uma mulher humilde. Ela prontamente pede perdão. Ela não reage com irritação se os outros pensam que ela não é perfeita. Não é o fim do mundo, nem fica ofendida ou com sua vida arruinada, se for reprovada. Ela verdadeiramente entende que *"leais são as feridas feitas pelo que ama" (Provérbios 27.6, ênfase acrescentada)*. Ela está mais preocupada em gorificar a Deus do que em parecer boa ou ser aprovada. Ela sabe que seu coração é enganoso e deseja ser "podada" e moldada por Deus. Consequentemente, Deus derrama sobre ela Sua graça e a usa poderosamente para Sua glória.

Além de ser humilde diante de Deus e dos outros, a mulher descrita em Tito 2 usa seus dons espirituais. Seja o dom do ensino, da exortação, organização ou compaixão, ela prontamente usa seus dons, não para autoedificação, mas para alcançar o propósito de edificar o corpo de Cristo (Efésios 4.12). Esta mulher usa os talentos que Deus lhe concedeu e é generosa como a "Esposa Excelente" de Provérbios 31, que "abre a mão ao aflito; e ainda a estende ao necessitado" (Provérbios 31.20).

A mulher piedosa de Tito 2 faz muito mais do que apenas viver uma vida de devoção; ela fala sobre o Senhor, especialmente às mulheres mais jovens. Ela não precisa ter um dom especial de ensino para instruir as mais jovens. Ela não se apega à ideia de que sua fé é algo somente dela, que apenas deve ser demonstrada em sua vida. Certamente, ela demonstra sua fé através de seu viver, mas também fala desta fé aos outros, em amor, ao ser uma mestra do bem (Tito 2.3).

Além de dedicar-se ao ensino das mais jovens, as mulheres idosas devem...

Incentivar as Mais Jovens

Incentivar é a palavra grega *sophronizo*. Significa "fazer refletir, admoestar (advertir), exortar, rejeitar"[3]. *Sophronizo* vem da raiz *sophron*, que quer dizer "de sã consciência, prudente, controlado, sensato"[4].

Sophronizo abrange mais do que apenas deixar uma frase expressa num cartão dizendo "Pensando em você hoje" ou "Apenas para dizer um 'Oi'". É incentivar a mulher mais jovem a tomar uma decisão sensata. Pode significar também incitar energicamente ou admoestar a fazer o que é certo.

Este tipo de incentivo está intimamente ligado à função de "mestra do bem". Em outras palavras, incentivar envolve tanto ensinar (instruir) quanto *sophronizo*. Isso me recorda o apóstolo Paulo, a quem Deus deu o dom de ser mestre em doutrina, mas que, juntamente com seu ensino ele, ia "rogando, admoestando, reprovando, orando, instando, exortando e encorajando" (veja Colossenses 1.28-29 e Atos 20.18-21, 31).

Ao aprender a fazer repreensões, a mulher descrita em Tito 2, assim como Paulo, incentiva (no sentido de *sophronizo*) as mais jovens a agirem de forma sensata.

Repreender Bíblica e Amorosamente

> "Irmãos, se alguém for surpreendido nalguma falta, vós, que sois espirituais, corrigi-o (erguer, admoestar) com espírito de brandura; e guarda-te para que não sejas também tentado".
>
> Gálatas 6.1,
> ênfase e adaptação acrescentadas.

> "Se teu irmão pecar [contra ti], vai arguí-lo entre ti e ele só. Se ele te ouvir, ganhaste a teu irmão".
>
> Mateus 18.15
> ênfase acrescentada.

Ser repreendido ou admoestado é constrangedor para qualquer um. A mulher mais jovem não é uma exceção. Faça-o do modo mais tranquilo possível, conversando com ela, se possível, em particular. Não se aproxime dela numa postura superior, dizendo: "Como você pôde fazer isso?" ou "Eu jamais faria isso!". Ao contrário, seja gentil e fale num tom de voz agradável.

Seu objetivo deve ser restaurar o relacionamento dela com Deus e com os outros. É para a glória de Deus que você fará isso, e não para mostrar que você está certa. Você não vai "alfinetá-la", e sim amá-la, e desejar o que há de melhor para ela.

Ore para que Deus lhe conceda sabedoria e prepare aquilo que você irá dizer, pois "O coração do sábio é mestre de sua boca e aumenta a persuasão nos seus lábios" (Provérbios 16.23). Pense no que você quer dizer, antes de começar a falar. Se você crê que o assunto será difícil para a mulher mais jovem, escreva o que você quer dizer e pratique em voz alta.

Dependendo das circunstâncias, pode ser que você precise reunir mais informação <u>antes</u> de repreendê-la ou admoestá-la. Você pode descobrir que, no fim, ela não precise necessariamente de uma repreensão. É constrangedor e vergonhoso "responder antes de ouvir" (Provérbios 18.13).

Se for necessário que se faça uma repreensão ou admoestação, empenhe-se com esperança. Use passagens como 1 Coríntios 10.13, Romanos 8.28-29 e Provérbios 27.5-6. Você deve acreditar, de fato, que não há nada que tenha acontecido que Deus não possa perdoar, e que Ele começará a moldar o caráter dela (e ações habituais) ao seu padrão expresso nas Escrituras. Pode ser apropriado dizer-lhe algo como: "Não há nada que tenha acontecido que Deus não possa lhe perdoar, e que os outros não possam lhe perdoar. Você poderia pensar nisso e orar para que Deus lhe mostre isso com clareza?"

Tenha sabedoria, se você está lidando com uma nova convertida. O padrão de Deus é o mesmo para todos os crentes, mas escolha suas "batalhas" com sabedoria e seja paciente. Por exemplo: uma nova convertida pode estar enfrentando dificuldades por sentir amargura para com o seu esposo, por não ser diciplinada com as tarefas da casa e por ser insconstante em disciplinar os filhos. Nestes três casos, meu objetivo inicial seria ajudá-la a deixar a amargura para com seu esposo (Efésios 4.31-32 e Romanos 12.17-21). Em seguida, poderíamos tratar sobre sua inconstância em disciplinar os filhos (Efésios 6.1-4) e, por último, abordaríamos a questão da organização da casa (Provérbios 31.22,27; Tito 2.5). Seja sábia e dê-lhe tempo para assimilar o que está aprendendo.

Suponha que você converse com uma jovem crente que não seja assídua em frequentar a igreja. Ela lhe conta alguns dos problemas que vem tendo com os filhos e com organização. Você pode dar a ela alguns conselhos como:

- Na quinta antes do domingo, lave as roupas da família e passe as peças que vai precisar no domingo.
- Fique em casa no sábado à noite. Antes de colocar as crianças na cama, separe as roupas (inclusive acessórios como meias, sapatos e enfeites de cabelo) para a manhã seguinte.
- Ajuste seu alarme para despertar com antecedência o suficiente, a fim de que você tenha tempo para lidar com algum contratempo como, por exemplo, se as crianças entornarem o leite na roupa.

No domingo seguinte você espera por ela com antecipação na igreja, mas ela não aparece! O que você deveria pensar? Pense no melhor: que ela tenha ficado em casa por algum motivo justo. Talvez um de seus filhos tenha ficado doente. Será que você deve perguntar? Sim, mas aproxime-se dela em amor e procure saber os fatos antes.

Considere outro exemplo de como uma mulher idosa pode instruir biblicamente uma mulher mais jovem. Neste exemplo ela segue o padrão bíblico estabelecido em 2 Timóteo 3.16-17:

> "Toda a Escritura é inspirada por Deus e útil para o <u>ensino</u>, para a <u>repreensão</u>, para a <u>correção</u>, para a <u>educação na justiça</u>, a fim de que o homem de Deus seja perfeito e perfeitamente habilitado para toda boa obra".
>
> (ênfase acrescentada)

EXEMPLO DE INSTRUÇÃO

1. Use as Escrituras para **ensinar** seus princípios bíblicos de repreensão. Provérbios 15.31-32 (para mais informações sobre repreensão, veja o livro <u>Esposa Excelente</u> [5]).

2. **Repreenda**-a de modo gentil, porém claro. Dê exemplos específicos. Por exemplo: "Ana, sei que é muito difícil lidar com filhos pequenos, mas creio ter percebido um padrão pecaminoso em sua vida quando você corrige seus filhos. Às vezes, você fala com eles num tom de voz irado e severo".

3. Explique como ela pode **corrigir** seu erro. "Creio que você deveria discipliná-los na <u>primeira</u> vez em que você lhes der uma instrução e eles não lhe obedecerem. Se você ficar falando com eles, é muito mais provável que você fique irada e que eles não levem sua instrução a sério. Também pode ser útil praticar em voz alta o que irá dizer . Antes de falar, pense assim: 'o amor é paciente. <u>Posso</u> demonstrar amor por eles instruindo-os, falando em um tom de voz suave'".

4. **Educar na justiça** é um processo que deve ocorrer sempre, até que se torne parte do caráter da mulher jovem. Isso leva tempo e exige prática. Entrementes, a mulher mais velha deve continuar instruindo a mais jovem de modo bíblico, amável e paciente.

Repreender de modo amoroso e bíblico não é divertido nem necessariamente agradável. Como mencionei anteriormente, pode ser algo constrangedor para a mulher mais jovem e não ser prazeroso para a mais idosa. Se a mulher mais velha estiver mais preocupada com o que os outros vão pensar dela, ou em sentir-se confortável, do que em ajudar a mais jovem, ela provavelmente se convencerá a não fazer o que sabe que é certo. Observe os seguintes exemplos de pensamentos egoístas comparados a pensamentos piedosos e amorosos:

PENSAMENTOS EGOÍSTAS	PENSAMENTOS PIEDOSOS E AMOROSOS
"Ela vai ficar irada comigo".	"Não sei se ela ficará irada, mas, se ela ficar, Deus me dará graça para enfrentar esse momento e ajudá-la".

"Ela vai deixar a igreja".	"Será triste se ela deixar a igreja, mas essa será a consequência de seu próprio pecado".
"Isso não vai fazer bem nenhum".	"Só Deus pode saber se isso vai fazer bem. Quer ela glorifique a Deus em sua reação ou não, <u>eu</u> posso glorificar a Deus, obedecendo à Sua Palavra, ao repreendê-la biblicamente e, assim, ajudar a mulher mais jovem".
"Vou ficar chateada se ela ficar nervosa ou se afastar de mim, ou se falar mal de mim para os outros".	"Pode ser que ela reaja de modo melhor do que imagino. A maioria das pessoas age assim, quando abordadas do modo como Deus deseja. Independente disso, meu dever é fazer o que o Senhor requer de mim. Se eu tiver que <u>me sentir</u> desconfortável durante o processo, não tem problema. Vou demonstrar amor a ela ao invés de ser egoísta".

Sophronizo não significa apenas admoestação e reprimenda, no sentido negativo. Faça elogios à mulher mais jovem, encoraje-a! Diga-lhe (quando apropriado): "Fico feliz que você coloque Deus em primeiro lugar. É encorajador ver o que o Senhor tem feito em seu coração e em sua vida". "Sei que o que você está vivendo agora é difícil, mas cada dia que você suportar estará demonstrando amor a Deus". "Você fez um bom trabalho. Muito obrigada!"

Sophronizo também significa orar pela mulher mais jovem e, às vezes, cuidar dela. É procurar saber se ela precisa de alguma coisa, quando seu marido viaja. É expressar "pensei em você quando fazia compras" com um pequeno presente. É lembrar o aniversário dela. É ser, para ela, um exemplo das "mulheres de outrora" (1 Pedro 3.5).

Conclusão

Sophronizo é muito mais do que escrever num cartão palavras vagas de encorajamento. Significa louvar e encorajar juntamente com admoestações, quando necessário, ou seja, "chamar à realidade". Isso <u>será feito</u> por uma mulher mais velha que ama ao Senhor, e não por uma que seja egoísta e que ame a si mesma mais do que aos outros. Será feito por uma mulher mais velha doutrinariamente madura e que sabe ser "mestra do bem", e não por uma que seja ignorante das coisas do Senhor e levada "por todo vento de doutrina".

Questões Para Estudo

1. Uma vez que as mulheres mais velhas devem ensinar a sã doutrina às mais jovens, teste seu conhecimento das doutrinas bíblicas.
Instruções: Cite dois ou três versículos (sem olhar em sua Bíblia ou concordância) para cada um dos seguintes assuntos:
A. A Bíblia é inspirada por Deus

B. Jesus é Deus

C. Nós não podemos ganhar a nossa própria salvação. Ela nos é dada por Deus por meio de sua Graça.

D. As esposas devem ser submissas aos seus maridos.

2. A não ser que você tenha ido muito bem na questão anterior, faça uma tabela semelhante a de "Doutrina/Referências" contida neste último capítulo. Você pode fazer sua própria tabela ou usar a minha. Se usar a minha, leia e reflita sobre cada versículo. Além de anotar sua resposta neste livro, fixe sua tabela em alguma parte de sua Bíblia, para sempre ter referência à mão.

3. Qual deve ser a atitude e a resposta da mulher, conforme Tito 2, quando confrontada por alguém que acha que ela está errada?

4. Explique a palavra *Sophronizo*.

5. O que pode impedir você de fazer uma repreensão bíblica?

6. De acordo com Gálatas 6.1, qual deve ser a sua motivação ao repreender alguém?

7. Releia os exemplos, do capítulo cinco, de pensamentos egoístas que você se sente tentada a ter, quando confrontada com a responsabilidade de fazer uma repreensão bíblica. A seguir, releia os pensamentos piedosos e amorosos. De que modo você normalmente tende a pensar?

8. Faça uma oração.

Parte 3

O que Ela Ensina?

Capítulo 6

Amar seu marido e seus filhos

Tito era um gentio, convertido ao Cristianismo, que viajava com o apóstolo Paulo. Depois de alguns anos, Paulo deixou Tito na ilha de Creta (no litoral da Grécia), a fim de que ele pudesse ministrar às igrejas ali. Mais tarde, Paulo escreveu a carta que agora chamamos de Tito, para instruir a Tito naquilo que ele deveria ensinar aos crentes das igrejas em Creta.

Nesta carta, Paulo quis especialmente que Tito soubesse o papel da graça de Deus em promover boas obras entre Seu povo. Havia instruções para:

- Os homens idosos
- As mulheres idosas
- Os moços
- As jovens recém-casadas
- Os servos

As mulheres idosas deveriam ser "sérias em seu proceder, não caluniadoras, não escravizadas a muito vinho..." (Tito 2.3). Elas também deveriam ser "mestras do bem, a fim de instruir as jovens recém-casadas a":

1. Amarem seu marido
2. Amarem seus filhos
3. Serem sensatas
4. Serem honestas
5. Serem boas donas de casa
6. Serem bondosas
7. Serem sujeitas ao marido

Estas sete instruções muito específicas eram o que as mulheres idosas deveriam ensinar. Este capítulo explica as primeiras duas instruções:

1. Amar seu marido
2. Amar seus filhos

Contudo, primeiramente eu quero explicar quem são as "mulheres idosas".

A palavra grega para "mulheres idosas" é *presbutidas*. Esta palavra significa literalmente "senhoras de idade, mulheres mais velhas"[1]. Devia haver muitas delas na ilha de Creta, mas em nossas igrejas de hoje elas parecem não existir. Como tenho visitado várias igrejas, geralmente escuto das mulheres mais novas: "precisamos de ajuda, mas não há senhoras aqui para nos ajudar".

É um pouco confuso entender como isso pode ser um problema. Pode ser que as senhoras nunca tenham sido instruídas nisso quando eram mais novas. Algumas podem ser vaidosas e não desejarem ser incluídas na categoria de senhoras mais velhas. Outras podem erroneamente acreditar que, uma vez que seus filhos estejam crescidos e fora de casa, elas já tenham feito a sua parte e não têm mais nenhuma responsabilidade. Frequentemente suas vidas refletem um ponto de vista feminista de buscar realização e "identidade", através dos estudos e de uma carreira.

Outras empregam de modo egoísta todo o seu tempo e energia em seus filhos e netos e não se importam com ninguém mais. Muitas acreditam que não é dever delas se envolver com as outras mulheres de modo tão pessoal. Como foi mencionado anteriormente, as senhoras podem temer que as mais jovens fiquem ofendidas ou reajam com ira. Não sei todas as razões, mas sei que na maior parte das igrejas que visito as mulheres jovens estão implorando por senhoras piedosas, com mais idade e maduras para ajudá-las.

A maior parte do restante deste livro fala sobre o que a mulher idosa mencionada em Tito 2 deve ensinar. Vamos começar ensinando-as a amar seus maridos. Nesta mesma seção incluímos exemplos práticos de como a mulher descrita em Tito 2 pode ensinar a mulher mais jovem a amar o marido com o amor *philos*, *agapao*, e de "uma só carne".

Ensinando-as a Amar Seus Maridos

"A amar seus maridos" é *philandros*. Esta palavra grega é composta de duas raízes – *philos* e *aner*. *Philos* é uma das palavras para amor no Novo Testamento, que significa "amado" ou "um amigo querido"[2]. Este tipo de amor indica ternura. *Aner* significa "homem, cavalheiro ou marido"[3]. Portanto, significa amar o marido ou considerá-lo um amigo querido. No Sul, nós dizemos à esposa que cultive "doçura" para com o marido.

Ensinando-lhes o Amor Philos

O melhor meio de ensinar as mulheres mais jovens a amarem seus maridos com o amor *philos* é começando com o que a Bíblia ensina sobre esposas amando os maridos. Às esposas, não é ordenado diretamente nas Escrituras a amarem os maridos. Contudo, elas são instruídas indiretamente, através das senhoras mais idosas, que as ensinam a agir assim.

As mulheres mais velhas podem ajudar as mais jovens a mostrar o amor *philos* ao marido, ensinando-as a pensar e a agir dos seguintes modos:

EXEMPLOS DE PENSAMENTOS *PHILOS*
1 - "Ele é tão querido para mim!"
2 - "Olhe como ele lê para as crianças. Que lindo!"
3 - "Preciso lembrar de contar-lhe o que aconteceu hoje."

4 -	"Talvez eu possa encontrar alguém para tomar conta das crianças esta noite, e assim podemos dar uma volta e conversar quando ele chegar do trabalho."
5 -	"Eu o amo tanto!"
6 -	"Sei que não temos muito dinheiro agora, mas ele trabalha tanto! Ele tem demonstrado amor ao trabalhar duro."
7 -	"Que alegria podermos passar esse tempo junto com as crianças. Ele é um bom pai."
8 -	"Sei que ele está cansado e teve um dia duro no trabalho. Acho que vou lhe fazer uma massagem nas costas."
9 -	"Sei que esta semana vai ser bem difícil para ele. O que posso fazer para que as coisas sejam mais fáceis?"
10 -	"O irmão dele ficou irado e estragou nosso jantar, mas meu marido não pode fazer nada. Sinto muito, por ele, que seu irmão tenha sido tão insensato."
11 -	"Ele nem sempre demonstra amor por mim da maneira como deveria, mas ele não conhece o Senhor. Portanto, ele não tem capacidade de amar os outros como deveria."

EXEMPLOS DE AÇÕES *PHILOS*

1 - Segure a mão dele enquanto caminham pelo shopping.

2 - Convide a família do seu marido para jantar, mesmo que você prefira estar fazendo outra coisa.

3 - Corte a grama para ele numa semana em que você saiba que ele está muito cansado.

4 - Escreva um cartão surpresa de agradecimento, por tudo que seu marido tem feito para você.

5 - Prepare um fim de semana surpresa para vocês dois viajarem juntos e conversarem.

6 - Prepare refeições saudáveis e apetitosas para agradar ao paladar de seu marido.

8 - Expresse o quanto ele é importante para você, e quão feliz você é por tê-lo em sua vida.
9 - Esforce-se bastante ou ainda mais para ser uma boa amiga para seu marido do mesmo modo que você se esforça por suas amigas.
10 - Procure meios práticos de tratá-lo como alguém especial e amado.

Ensinando-lhes o Amor Agapao

Além de amar o marido com amor terno e querido, a esposa também deve amá-lo no sentido *agapao*. Em outras palavras, todos os crentes devem amar os outros sacrificialmente. O Senhor Jesus Cristo é nosso supremo exemplo.

"*Sede, pois, imitadores de Deus, como filhos amados; e <u>andai em amor</u>, como também Cristo nos amou e se entregou a si mesmo por nós, como oferta e sacrifício a Deus, em aroma suave*".

Efésios 5.1-2,
ênfase acrescentada.

Quando negamos a nós mesmos naquilo que preferencialmente desejamos, e, assim, demonstramos amor a outrem, estamos vivendo como um sacrifício vivo. Nos sacrificamos pelo que Deus deseja. É como um sacrifício agradável (um aroma) a Deus.

Ensinando-lhes o Amor "Uma Só Carne"

Além do amor *philos* e do *agapao*, ao marido e à mulher é dado por Deus um laço especial de "uma só carne". Ser unido em "uma só carne" inclui sua união física, mas não somente esta. Primeiramente, é um laço emocional que cresce através da revelação de um ao outro. Isso me lembra de um jovem casal que conheço, que frequentemente sai para passear em sua estrada de terra ou se assenta ao ar livre, em seu mirante, para conversar. Seu amor vai crescendo e amadurecendo, à medida que eles contam um ao outro como se sentem e o que pensam. Eles podem nem sempre concordar e, por vezes, suas ideias podem ser antibíblicas, mas eles se ajudam mutuamente a crescer no Senhor, enquanto crescem mutuamente em seu laço de "uma só carne".

Há cerca de uma semana, nosso filho David ficou noivo de uma adorável moça crente. Vê-los juntos é uma grande alegria! Eles olham um para o outro com uma ternura especial. Sussurram e riem. Eles estão definitivamente apreciando um ao outro. Por enquanto, eu não tenho que lembrar à Jaimee que pense em David como alguém especial e amado. Contudo, quando eles estiverem casados (se Deus quiser) por dez anos, eu talvez tenha que lembrá-la. Meu desejo é que, pela graça de Deus, eu possa amar Jaimee o suficiente para ajudá-la a *philandros*, a amar o marido.

Como temos visto, as mulheres idosas devem ensinar e instruir as mais jovens a amarem o marido. Agora, consideremos como as mulheres mais velhas devem ensinar e instruir as mais jovens a amarem seus filhos. Nesta seção também incluímos conselhos práticos para a mulher em Tito 2 empregar – a fim de ter pensamentos amáveis, levá-la a ser bondosa e compassiva, ensiná-la a expressar afeição e deleite por seus filhos, e ensiná-la como administrar a disciplina piedosa.

Ensiná-las a Amar Seus Filhos

A palavra grega para "amarem seus filhos" é *philoteknos*. Esta palavra é a combinação de philos (amado, ternura) e teknos (filho). A ideia é que a mãe considere seu filho como amado e querido. Paulo transmitiu uma ideia semelhante em 1 Tessalonicenses 2.7-8 enquanto defendia e ilustrava seu cuidado para com os novos convertidos em Tessalônica:

> "*Embora pudéssemos, como enviados de Cristo, exigir de vós a nossa manutenção, todavia, nos tornamos <u>carinhosos entre vós, qual ama que acaricia os próprios filhos</u>; assim, querendo-vos muito, estávamos prontos a oferecer-vos não somente o evangelho de Deus, mas, igualmente, a própria vida; por isso que vos tornastes muito amados de nós*".
>
> 1 Tessalonicenses 2.7-8,
> ênfase acrescentada.

Muitas mães amam seus filhos. De fato, muitas morreriam por eles. Parece ser inerente na maternidade que as mães cuidem ternamente de seus filhos. Lynn Crotts, a esposa de meu pastor, teve seu primeiro bebê no ano passado. Ninguém teve que dizer a Lynn que segurasse Charissa com cuidado ao pegá-la. Ninguém teve que dizer: "Beije-a e abrace-a, mantenha-a limpa e alimente-a". Eu jamais perdi um minuto de sono pensando se Lynn não teria cuidado para com seu precioso bebê, pois Lynn ama Charissa. O Senhor colocou no coração de Lynn um terno acalento mesmo antes de Charissa nascer. Lembro-me de ter ouvido Lynn dizer: "Mal posso esperar para ver o seu rostinho e segurá-la em meus braços". Lynn já pensava em sua filha de modo terno e amável.

Antes de nascer o primeiro bebê de nossa filha Anna, ela me pediu para ir até Greenville, na Carolina do Sul, para ajudá-la quando chegasse a hora. Ela também disse: "Eu realmente vou precisar de sua ajuda com a casa, a comida, a roupa, mas eu quero ser aquela que vai cuidar do bebê". Ela já previa o cuidado materno por seu filho, e estava ansiosa para aprender a cuidar dele. Tommy foi trazido para um quarto muito bem mobiliado que Tom e Anna haviam decorado com tanto amor. Anna falava com ternura a Tommy, cantava para ele, amamentava-o, dava banho, trocava suas fraldas e orava por ele. Ela o mostrava com muito orgulho. Ela o amava tanto antes de nascer, e o amava ainda mais conforme o tempo passava.

Quando nasceram Jordan e Kelsey, as gêmeas de Anna e Tom, eu presenciei aquele mesmo terno amor. Ela ficou muito triste por ter que ir para casa duas semanas antes de as meninas terem alta. E novamente o quarto estava pronto. Os desafios, no entanto, eram enormes quando comparados ao nascimento de Tommy! Ele mal completara dois anos. Nesse tempo, Anna apreciava a ajuda de qualquer pessoa que pudesse assisti-la no cuidado dos bebês. Ela estava realmente sobrevivendo, mas apesar dos desafios Anna manteve seu terno amor de mãe por seus filhos.

Gostaria de poder dizer que toda mãe, inclusive Lynn e Anna, sempre sentem e demonstram um terno amor para com seus filhos, mas você sabe que não é verdade. Todas as mães, de um jeito ou de outro, lutam com a impaciência. Algumas são até cruéis e desumanas. Algumas são egoístas ao ponto de negligenciarem seus filhos. Independente de quanto amam seus filhos, todas as mães podem se beneficiar de ajuda e de instrução. Como uma mulher idosa que instrui jovens mães eu as ensinaria a...

Ter Pensamentos Amáveis

Incentive a jovem mãe a memorizar 1 Coríntios 13.4-7: "O amor é paciente, é benigno", etc. Ela deve aprender esta passagem a ponto de sabê-la na ponta da língua. Por conseguinte, ela deve tomar cada ato individual do amor e escrever pensamentos e/ou atos amoros para com seus filhos. Você quer que ela desenvolva o hábito de ter pensamentos bíblicos como: "É horrível ter que ficar acordada a noite toda com minha filha doente, mas posso falar com ela num tom de voz amável e gentil, pois **'o amor é benigno'**" (1 Coríntios 13.4). Considere outro exemplo: "Eu gostaria que meu filho amarrasse seu sapato mais rápido, mas na verdade eu tenho tempo para esperá-lo, e enquanto espero pacientemente, estou demonstrando amor a ele, pois **'o amor é paciente'**" (1 Coríntios 13.4). "Sinto que, se eu tiver que parar o que estou fazendo mais uma vez, vou bater em minha filha e vou gritar. Contudo, sei que posso, pela graça de Deus, fazer o que é certo e demonstrar amor a ela, pois **'o amor não se exaspera... o amor tudo suporta**" (1 Coríntios 13.5,7).

Demonstrar amor é tão importante que o primeiro e principal mandamento é amar a Deus de todo o seu coração, alma, mente e com toda a sua força (Mateus 22.38). O segundo mandamento, semelhante ao primeiro, é amar aos outros (Mateus 22.39). Não é de admirar que o apóstolo Paulo orou pelos crentes em Éfeso para que eles estivessem "arraigados e alicerçados em amor" (Efésios 3.17). Também não é de surpreender que o apóstolo Pedro tenha escrito que mesmo em meio ao sofrimento devemos ter "amor intenso uns para com os outros" (1 Pedro 4.8).

Uma vez que nos é ordenado nas Escrituras que sigamos o amor (1 Coríntios 14.1) e que venhamos a nos revestir de compaixão e amor (Colossenses 3.12-14), a mãe deve se esforçar muito nesta tarefa. Substituir os pensamentos de egoísmo e desamor é algo que vem da graça de Deus e de um esforço diligente por parte da mãe. À medida que ela se disciplina nesta área, Deus transforma seu caráter e ela será capaz de amar seus filhos de coração, da maneira que Deus deseja. Além disso, a mulher mais velha deve encarregar as jovens mães de...

Serem Bondosas e Compassivas

Quando eu era uma jovem mãe, eu também era enfermeira, e trabalhava num centro pediátrico de terapia intensiva num grande hospital de caridade. Nós tínhamos apenas quatro leitos, que geralmente estavam sempre ocupados com crianças em situação crítica, muito doentes. Num dia típico, a vida e a morte estavam em jogo. Eu fui treinada para realizar manobras salva-vidas (procedimentos geralmente muito dolorosos) nas crianças. Elas choravam e lutavam contra, mas eu tinha que continuar, pois sabia que estava fazendo o ato mais bondoso possível por elas. Consequentemente, acabei desenvolvendo um tipo de insensibilidade para com os meus próprios filhos. Quando Anna ou David vinham correndo até mim com seus machucadinhos e joelhos ralados, eu limpava o ferimento e dizia algo como: "Pare de chorar, você não tem nada!" Em minha mente, qualquer um que estivesse respirando estava bem!

Quando me tornei crente, continuei trabalhando como enfermeira durante algum tempo. Um dia, enquanto observava os estudantes de enfermagem na Unidade de Terapia Coronariana, vi a esposa de um homem que havia tido um seríssimo ataque do coração. Ele não estava muito bem, e ela veio visitá-lo. Eu não conhecia nenhum dos dois e nunca os tinha visto antes. Quando aquela mulher saiu da unidade, começou a chorar. Meu coração se comoveu por ela, e eu também comecei a chorar. Minha reação surpreendeu-me, pois eu teria reagido de forma muito diferente antes de ser crente. Deus certamente me deu um novo coração, e novos desejos. Eu estava aprendendo a ser compassiva e sensível.

Muitas mães são como eu era – mais insensíveis do que sensíveis. Elas não se deixam comover quando o filho tem algum ferimento. Contudo, como crentes podem aprender a expressar compaixão, e em algum momento começarão a senti-la. Ao invés de dizer "você não tem nada!", ela pode dizer "sinto muito por você ter machucado seu joelho. Deixe-me ver. Isso com certeza deve doer muito!"

Além de dizer "sinto muito..." ou "sinto muito por você ter se machucado", a jovem mãe pode estudar versículos que falam sobre compaixão. A Bíblia King James geralmente traz o termo "ternas misericórdias". Ela deve meditar em versículos apropriados, aprender com o exemplo do Senhor Jesus Cristo, e orar, pedindo a Deus que lhe faça uma mãe mais compassiva e sensível.

Geralmente há uma ligação entre não ser compassiva e ser maliciosa. Malícia é ser malvada. Creio que uma grande parte do que o mundo chama de "abuso verbal" é o que a Bíblia chama de "malícia". Uma mãe com malícia no coração zomba cruelmente de seu filho, chama-o por palavrões, distorce a verdade, exagera na disciplina física, fala num tom áspero de voz, e com frequência tenta controlar os filhos com raiva. Ela é curel, e acredita que está sendo correta em suas maneiras. Quando se exaspera, esta mãe libera palavras torpes, ao invés de palavras edificantes (Efésios 4.29). Sua responsabilidade diante de Deus é despojar-se da malícia e revestir-se de pensamentos e atitudes bondosas, compassivas e misericordiosas.

"Longe de vós, toda amargura, e cólera, e ira, e gritaria, e blasfêmias, e bem assim toda malícia. Antes, sede uns para com os outros benignos, compassivos, perdoando-vos uns aos outros, como também Deus, em Cristo, vos perdoou".

Efésios 4.31-32

PENSAMENTOS E AÇÕES MALDOSOS	PENSAMENTOS E AÇÕES BONDOSOS, COMPASSIVOS E MISERICORDIOSOS
1. "Isso me deixa irada!"	1. "Senhor, ajude-me a ter paciência com o Jordan, pois ele é muito novo para ter boa coordenação motora."
2. "Você é egoísta!" (Dito num tom bem irado)	2. "Essa criança não é convertida. Não posso esperar que ela não pensasse em si mesma em primeiro lugar. Tenho que ensinar-lhe o amor bíblico."
3. "Estou cansada. Deixe-me em paz!"	3. "Estou cansada e queria poder dormir até tarde, mas Nathan está com fome e tão contente por já estar acordado! <u>Posso</u> levantar e preparar seu café da manhã."

4. "Queria que ele nunca tivesse nascido!"	4. "Senhor, obrigada por este filho e por ajudar-me a ter responsabilidade."
5. "Anda logo! Você é tão lerdo!"	5. "Não é certo quando me levanto tarde e desconto em Caleb. Não é culpa dele."
6. "Eu não devia esperar que você soubesse arrumar sua cama direito."	6. "Thomas, deixe-me mostrar-lhe novamente como arrumar sua cama direitinho. E vou desarrumá-la outra vez para que então você possa tentar. Você não precisa fazer exatamente como eu fiz, mas precisa tentar o melhor que puder!"
7. "Seu burro!"	7. "Kelly, sei que é difícil você entender, mas quero que ouça com atenção e tente. Tenho certeza de que você consegue."
8. "Eu te odeio!"	8. "Amo você!"

Não é incomum ver uma mãe agarrar o filho com raiva no mercado ou na igreja. Mesmo as mães que normalmente são tranquilas e pacientes podem ficar irritadas além do normal! É claro que diante de Deus nunca há uma desculpa para pecar contra Ele e contra seus filhos, mas essas mães precisam de ajuda. As mulheres mais velhas precisam ajudá-las a serem bondosas e compassivas, ao invés de insensíveis e cruéis. Outro modo como as senhoras podem ajudar as mais jovens a amarem seus filhos é ajudando-as a buscar a sabedoria que vem de Deus.

"*A sabedoria, porém, lá do alto é, primeiramente, pura; depois, <u>pacífica</u>, <u>indulgente</u>, <u>tratável</u>, <u>plena</u> <u>de</u> <u>misericórdia</u> <u>e</u> <u>de</u> <u>bons</u> <u>frutos</u>, imparcial, sem fingimento. Ora, é em paz que se semeia o fruto da justiça, para os que promovem a paz*".

Tiago 3.17-18,
ênfase acrescentada.

Esta passagem específica, da carta de Tiago, é especialmente convincente para mim. A palavra "tratável" é traduzida como "fácil de tratar" na versão bíblica King James. A palavra grega para paz é *eirene*, que significa "harmonia nos relacionamentos"[4]. Não deve ser algo traumático ou aterrorizante para uma criança o aproximar-se de seus pais com um pedido respeitoso. O coração da mãe deve estar repleto de compaixão e muita delicadeza, mesmo que ela tenha que negar o pedido de seu filho. Toda criança que cresce num lar cristão deve poder um dia olhar para esta experiência e lembrar-se de sua mãe como uma pessoa "plena de misericórdia" e "tratável".

As tarefas da casa com frequência são um ponto de conflito entre mães e filhos. Elas são realmente necessárias, mas é fundamental como elas são aplicadas. Às vezes, as jovens mães são como sargentos da Marinha preparados para um ataque. Consequentemente, as tarefas domésticas são impostas de modo cruel e malvado com ameaças, gritos histéricos e xingamentos. Pode ser que isso produza na criança uma reção de aparente obediência e prontidão para arrumar sua cama e tirar os sapatos sujos, mas também é provável que isso provoque nela um comportamento igualmente cruel e malvado. <u>Ternura e compaixão são mais importantes do que regras exteriores</u>. Ajude as jovens mães a serem constantes na aplicação das regras da casa, mas que o façam com amor. É preferível pecar por excesso de compaixão, pois "a misericórdia triunfa sobre o juízo" (Tiago 2.13).

Além de ensinar, instruir e ajudar as jovens mães a serem bondosas e compassivas, as mulheres mais velhas devem ensiná-las a...

Demonstrar Afeição e Alegria Pelos Filhos

A atitude das mães cristãs deve ser a atitude do Senhor.

> "*Herança do SENHOR são os filhos; o fruto do ventre, seu galardão. Como flechas na mão do guerreiro, assim os filhos da mocidade. Feliz o homem que enche deles a sua aljava; não será envergonhado, quando pleitear com os inimigos à porta*".
>
> Salmo 127.3-5

As mulheres mais velhas devem ensinar as mais novas a visão de Deus sobre os filhos. Eles são um presente precioso do Senhor para elas. Frequentemente eu digo para as crianças de nossa igreja: "Deus nos deu vocês como herança e eu sou tão feliz por isso!" E é claro que também digo: "Amo muito vocês!!!"

Abraços e beijos devem ser rotineiros. A filhinha de Lynn, Charissa, hoje tem apenas um ano. Ela já sabe como jogar beijos. Quando ela o faz, você pode ver a alegria em seu olhar. A razão disso é que ela tem sido muito beijada por sua família, pela família da igreja e por mim!

A vida cristã cotidiana deve ser de alegria pelo que o Senhor tem feito. As mães também devem ter grande expectativa pelo que o Senhor fará em suas vidas e nas vidas de seus filhos. As mulheres mais velhas devem ser um exemplo disso e encorajarem as mais novas a viverem de modo que possam atrair e não afastar as crianças do interesse por Deus. Elas devem ter a mesma atitude que teve o Senhor Jesus:

> "Trouxeram-lhe, então, algumas crianças, para que lhes impusesse as mãos e orasse; mas os discípulos os repreendiam. Jesus, porém, disse:
> <u>Deixai os pequeninos, não os embaraceis de vir a mim</u>, porque dos tais é o reino dos céus. E, tendo-lhes imposto as mãos, retirou-se dali".
>
> Mateus 19.13-15,
> ênfase acrescentada.

Não há lugar na vida do crente para qualquer outra coisa senão contentamento e amor, terno e afetuoso, pelas crianças. Pelo que soube de minha mãe, minha avó era muito expressiva, ria facilmente, e dedicava atenção especial às crianças.

A vovó cantava para as crianças, dançava pela sala com elas e dizia-lhes "vocês são tão lindas!" Minha vó era crente, e lia a Bíblia, falava sobre o Senhor e ensinava a Palavra de Deus aos seus filhos. Ela os levava à igreja. Minha mãe se recorda com carinho: "A vovó gastava tempo comigo; ela brincava comigo, prestava atenção em mim". Ela ainda memorizava versículos aos oitenta anos.

A vovó faleceu quando eu tinha seis meses, então tudo que tenho é uma foto dela me segurando no colo. Na verdade, tenho mais do que isso. Tenho um legado de *alegria expressiva* com crianças, que me foi transmitido. Hoje expresso o mesmo contentamento com meus netos e com as crianças da minha igreja e da minha comunidade. As mulheres mais velhas devem expressar alegria e deleite pelas crianças e, portanto, ser um exemplo de alguém que não impede que as crianças se aproximem do Senhor Jesus.

Se a mulher idosa notar que uma mais nova tem luta contra depressão, ansiedade ou ressentimento contra seus filhos, ela deve se aproximar com ternura e ajudá-la. O que realmente há no coração de uma mulher se mostrará no modo como ela trata seus filhos. Se ela estiver triste e desesperada para com a vida, esta será a visão acerca da vida que, provavelmente, seus filhos irão abraçar. Se ela for alegre pelo que o Senhor tem realizado, esta é a visão sobre a vida que seus filhos, provavelmente, irão abraçar. Não podemos salvar nossos filhos de seus pecados. Só Deus pode. Entretanto, podemos ajudar as jovens mães a se deleitarem no Senhor, a expressarem afeição e piedoso contentamento por seus filhos, e assim, levá-los ao Senhor.

Até aqui aprendemos que a mulher mencionada em Tito 2 deve ensinar a jovem recém-casada a amar seus filhos, instruindo-a a ter pensamentos amorosos, ajudando-a a ser bondosa e compassiva e incentivando-a a expressar afeição e contentamento por seus filhos. Agora quero mencionar o último ponto:

Ensiná-las a Aplicar a Disciplina Amorosa

As crianças nascem pecadoras, mesmo sendo muito preciosas. A estultícia está ligada ao seu coração e se mostra muitas vezes durante um único dia! A Bíblia nos dá instruções claras:

> *"A estultícia está ligada ao coração da criança, mas a vara da disciplina a afastará dela".*
>
> *Provérbios 22.15*

Muitas mães não sabem como, ou quando, seria apropriado disciplinar seus filhos. O propósito deste livro não é explicar tudo o que puder sobre a disciplina, e sim mostrar a responsabilidade das mulheres mais velhas de ensinar e instruir as mulheres mais jovens a disciplinar apropriadamente seus filhos[5].

Muitas vezes, breves conselhos ajudam tremendamente a jovem mãe. Estes tipos de aplicações práticas geralmente significam a diferença entre a administração amorosa e piedosa da disciplina que leva a criança ao arrependimento, e a disciplina aplicada de modo maldoso e cruel que leva a criança à ira (veja Efésios 6.1-4).

Tenho considerado muito útil dizer à mãe que aplique a disciplina na primeira vez que a criança desobedecer, ou que ela perceber uma atitude pecaminosa na criança. Ela deve educar seus filhos para que aprendam a obedecer na primeira vez que disser "pare" (quando estão prestes a entrar na frente de um carro). Ela não deve ensiná-los a obedecer depois que contar até três, ou que estalar os dedos cinco vezes. Depois que a mãe já falou três ou quatro vezes com o filho para fazer ou não alguma coisa, frequentemente, ela já está irritada e usa um tom de voz severo e irado, ou até mesmo esbraveja. Ao contrário, ela deve dar a ordem ao filho uma única vez, usando um tom suave, normal de voz. Se a criança não obedecer ou tiver um comportamento pecaminoso, a mãe deve discipliná-la calmamente. Se a mãe não demorar muito para corrigir a criança, é muito menos provável que ela fique pecaminosamente irada. Ao invés de provocar seu filho à ira, ela possivelmente verá o fruto da justiça! As mulheres mais idosas e maduras devem ajudar, por meios práticos, as mais jovens a amarem seus filhos por meio da aplicação adequada da disciplina amorosa e piedosa.

Conclusão

O mundo não sabe como ajudar às jovens recém-casadas a amarem o marido e os filhos. Muito do que se lê ou se vê na TV a respeito de amar o marido pode se resumir na música *"Love Makes The World Go Round"*. Sim, o amor não faz o mundo girar, Deus o faz. Como nosso Criador, Ele sabe melhor do que nós como uma jovem pode amar o marido de modo correto, maduro, que honre a Deus.

Semelhantemente, muito do que as mulheres jovens leem ou assistem na televisão, sobre como amar os filhos, pode se resumir em uma visão de autoestima do mundo, de ter suas necessidades pessoais de importância e de segurança atendidas. Em vez disso, a mulher descrita em Tito 2 deve usar a pura e divinamente inspirada Palavra de Deus para ensinar e instruir as mais jovens. Esta mulher deve se envolver na vida das mais jovens de maneira pessoal e altruísta. Ensinar-lhes a amarem seus maridos e seus filhos é apenas o começo. No próximo capítulo vamos considerar em que outras qualidades a mulher de Tito 2 instrui as mais jovens – a serem sensatas, honestas e boas donas de casa.

Questões Para Estudo

1. Quais seriam alguns possíveis motivos para que as mulheres mais velhas não estejam envolvidas em ensinar e instruir as mais jovens?

2. Explique o que significa "amarem seus maridos".

3. Cite cinco exemplos de pensamentos *philos* que você pode ter para com seu marido, se você for casada. Se você não é casada, dê exemplos que uma amiga poderia usar.

4.Cite quatro exemplos de ações *philos*.

5.Como se aprofunda o laço de "uma só carne"?

6.Explique o que significa "amarem seus filhos".

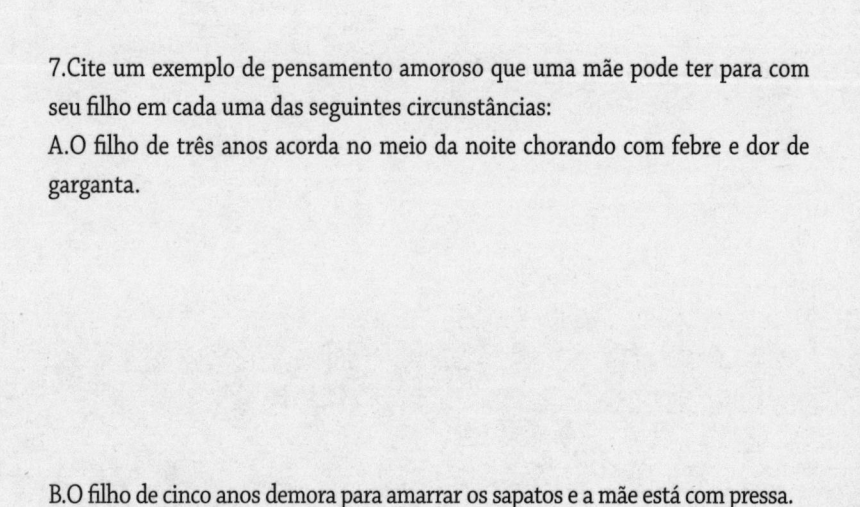

7. Cite um exemplo de pensamento amoroso que uma mãe pode ter para com seu filho em cada uma das seguintes circunstâncias:

A. O filho de três anos acorda no meio da noite chorando com febre e dor de garganta.

B. O filho de cinco anos demora para amarrar os sapatos e a mãe está com pressa.

C. O orçamento está bastante apertado e o filho precisa ir ao médico. A consulta é cara.

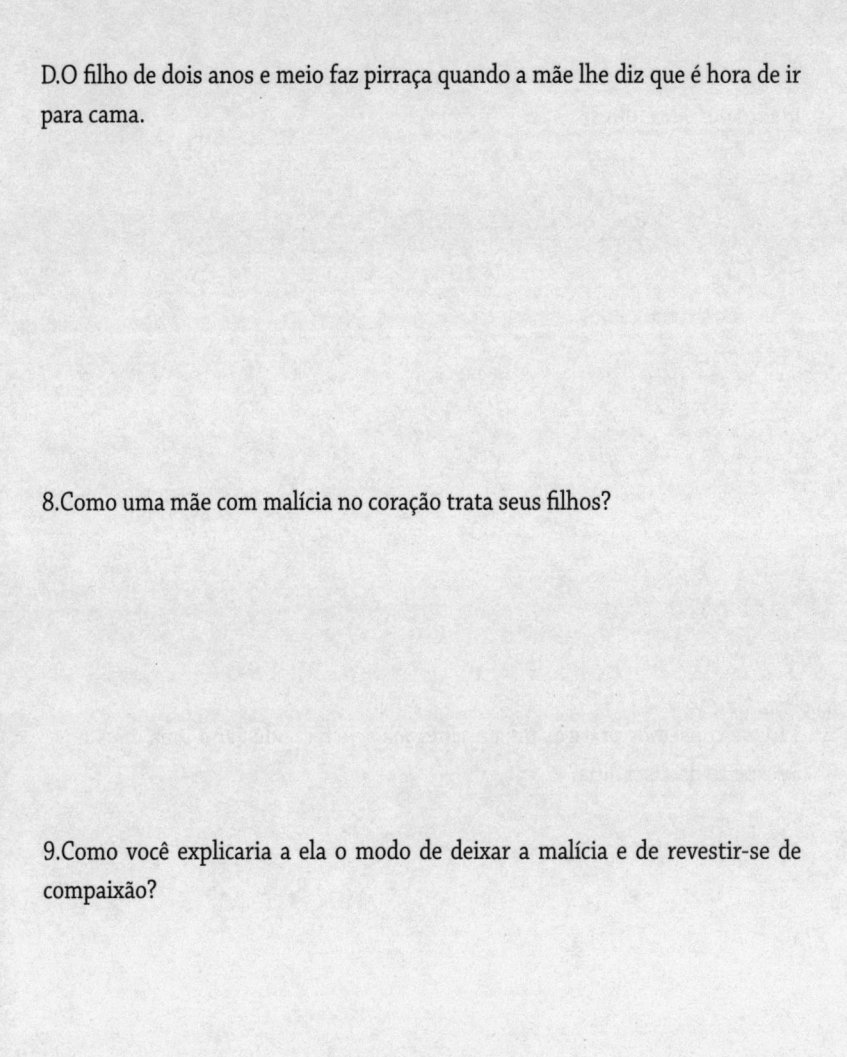

D. O filho de dois anos e meio faz pirraça quando a mãe lhe diz que é hora de ir para cama.

8. Como uma mãe com malícia no coração trata seus filhos?

9. Como você explicaria a ela o modo de deixar a malícia e de revestir-se de compaixão?

10. Liste dez meios pelos quais uma mãe pode demonstrar afeição e contentamento por seus filhos.

11. Que conselhos práticos uma mulher mais velha pode dar a uma mais nova a respeito da disciplina?

Capítulo 7

Ser sensata e honesta

Posso até ouvir meu pai dizendo: "Esta criança não tem bom senso!" E sabe, às vezes ele estava falando de mim! E sabe o que mais? Ele tinha razão. Papai esmerava-se muito para chamar-me à razão. Apesar de não ser culpa dele, nem sempre ele conseguiu.
Consequentemente, eu me tornei uma jovem em quem faltava o que papai chamava de "bom senso".

Você não precisa procurar muito para achar mulheres jovens nas quais falta (como faltou em mim) bom senso. O que meu pai chama "bom senso" a Bíblia chama de "ser sensata" (Tito 2.5). Obviamente que Deus sabia que conseguir ser sempre sensata seria um problema para as mulheres desde o momento que Eva pecou. Portanto, Ele incubiu as mulheres mais velhas de ensinar e instruir as mais novas a serem sensatas.

"Sensata" é a palavra grega *sophron*. *Sophron* é um amplo termo que significa "são, prudente, controlado"[1].

A partir daí, pensei em três aplicações práticas. A mulher idosa deve ensinar e instruir a mais jovem a:

- Ter prioridades bíblicas e fazer escolhas sensatas
- Permanecer no orçamento
- Ser Realistas

Ter Prioridades Bíblicas e Fazer Escolhas Sensatas

Muitas mulheres jovens de hoje em dia querem tudo "para ontem". Elas querem ter marido, filhos, estudos e carreira. Consequentemente, elas acabam imprudentemente arriscando seu relacionamento com o marido e com os filhos (para não dizer com Deus, inclusive), a fim de obter o que desejam. Várias vezes já ouvi que uma jovem mãe está determinada a passar por cima de qualquer obstáculo financeiro ou de cuidado dos filhos para alcançar seus objetivos na carreira. É claro que, na melhor das hipóteses, ela não está sendo prudente.

"Prudente" é uma antiga palavra que significa "sábio". Como um dia é constituído de muitas horas, as esposas e as mães devem decidir com prudência como usá-las. Elas podem se beneficiar da advertência que Paulo deu aos crentes em Éfeso para que fossem prudentes com o tempo.

> "Portanto, vede prudentemente como andais, não como néscios, e sim como sábios, remindo o tempo, porque os dias são maus. Por esta razão, não vos torneis insensatos, mas procurai compreender qual a vontade do Senhor".
>
> *Efésios 5:15-17,*
> *ênfase acrescentada.*

No Salmo 90, Moisés reconheceu a importância de usar cuidadosamente os dias de vida que o Senhor nos concede:

> "Ensina-nos a contar os nossos dias, para que alcancemos coração sábio".
>
> *Salmo 90.12*

À medida que envelheço, reconheço mais e mais a importância do tempo que me resta. Se eu tiver mais vinte produtivos anos (Deus permita) de serviço ao Senhor, quero poder olhar para os anos passados e saber que, por Sua graça, realizei o seu maior propósito. Deus usou esta linha de raciocínio em minha vida para me fazer desistir de buscar um Mestrado em Religião numa grande Universidade Cristã para, em lugar disso, escrever o livro *Esposa Excelente*. Numa perspectiva de eternidade, qual dos dois seria mais importante? Obviamente, o mais importante seria ajudar as mulheres a se tornarem esposas piedosas.

É comum para uma jovem esposa e mãe cristã não entender ou se rebelar contra a ideia de que seu primeiro ministério é cuidar do lar. Ela deve <u>servir</u> ao marido, aos filhos e também à igreja. Frequentemente suas prioridades são imprudentes e antibíblicas. Ela pode estar muito ocupada, mas não necessariamente com aquilo que o Senhor requer dela. Este conceito é um dos que deve ser ensinado, exemplificado, e instruído em privativo pelas mulheres mais velhas às mais jovens.

Também é importante perceber que, mesmo que uma jovem esteja realizando algo para o Senhor, não significa que ela esteja fazendo aquilo que o Senhor quer dela naquele momento. Por exemplo, ouço falar de mulheres que têm o coração apaixonado e afeiçoado pelo movimento *Pro-Life*, um movimento contra a legalização do aborto. Não há dúvidas de que trabalhar em prol de salvar a vida de bebês é um objetivo piedoso. Contudo, quando elas negligenciam sua família e ignoram o conselho do marido para seguirem passeatas em várias partes do país, ou para gastarem inúmeras horas no Centro de Gravidez Não Planejada, suas prioridades se tornam antibíblicas. Se este é o tipo de ministério que é a vontade de Deus para ela, ele ainda será no futuro, quando os filhos estiverem maiores e ela tiver mais tempo livre para buscar outras coisas. Há tempo para tudo na vida. Ministérios que consomem tempo fora de casa geralmente não são prudentes para uma jovem esposa e mãe.

Você pode estar se perguntando se uma jovem esposa e mãe pode fazer algo fora de casa. Certamente não será pecado se ela fizer. O que é pecado são as prioridades antibíblicas, e não ser prudente no uso do tempo e de sua força.

Recentemente dei uma palestra em uma classe de senhoras de uma igreja próxima à minha casa. Era uma quinta à noite. Uma das jovens senhoras me perguntou sobre prioridades. Ela tem dois filhos pequenos e disse: "Hoje já é quinta-feira e eu tenho estado fora de casa todas as noites em alguma atividade da igreja. O que você acha disso?" Bem, penso que é um pouco demais. Certamente ela ficou frustrada. E recomendei-lhe que conversasse com seu esposo e parasse algumas de suas atividades. É muito mais prudente que ela faça poucas coisas para o Senhor, coisas de maior prioridade como servir ao marido, cuidar da casa e criar os filhos "na disciplina e no temor do Senhor", e fazê-las bem e com alegria para Ele (Efésios 6.4, 5.19-20).

Outra área em que as mulheres mais velhas devem ensinar e instruir as mais jovens é a serem sensatas no uso do dinheiro.

Permanecer no Orçamento

Quando o assunto é dinheiro e esposas...

> "A casa e os bens vêm como herança dos pais; mas do SENHOR a esposa prudente".
>
> Provérbios 19.14

Minha experiência me mostra que as mulheres jovens não sabem fazer orçamentos e permanecer dentro de seus parâmetros. Neste caso, as mulheres mais velhas ou alguém na igreja deve ensinar-lhes, ou aos jovens casais, a como fazer um orçamento. Há também bom material e conselhos gratuitos disponíveis no ministério de Larry Burkett: "Finanças Para a Vida"[2]. Ainda que muitas mulheres não saibam elaborar apropriadamente um orçamento, tenho percebido que o problema mais sério, implícito, é que elas não estão contentes com o que Deus lhes deu.

Uma das influências mais importantes que uma mulher mais velha pode ter sobre uma mais jovem é ajudá-la a ter gratidão e contentamento ao invés de queixas e murmurações. Uma passagem muito poderosa em Timóteo diz:

> "De fato, grande fonte de lucro é a piedade com o contentamento. Porque nada temos trazido para o mundo, nem coisa alguma podemos levar dele. <u>Tendo sustento e com que nos vestir, estejamos contentes</u>. Ora, os que querem ficar ricos caem em tentação, e cilada, e em muitas concupiscências insensatas e perniciosas, as quais afogam os homens na ruína e perdição. Porque o amor ao dinheiro é raiz de todos os males; e alguns, nessa cobiça, se desviaram da fé e a si mesmos se atormentaram com muitas dores".
>
> 1 Timóteo 6.6-10,
> ênfase acrescentada.

Crédito disponível e técnicas atrativas do comércio, unidos à inexperiência e ao coração pecaminoso da mulher jovem, tornam muito difícil para ela resistir à tentação de gastar mais do que pode. E mesmo que ela consiga resistir, vai sentir-se péssima. É tão fácil estar perfeitamente feliz e ir às compras até que, de repente, você descobre alguma coisa que nem imaginava que existia. E agora que descobriu que existe, você quer isso!

Quando eu era conselheira no Atlanta Biblical Counseling Center, ocasionalmente ouvia das mulheres: "Quando me sinto ansiosa e deprimida saio às compras". Era impressionante o que elas compravam. Às vezes eram roupas luxuosas, que combinavam desde o chapéu até os sapatos de grife da última moda. Outras vezes, era uma mobília cara. O que quer que comprassem, sentiam-se bem durante algum tempo. Contudo, acabavam se sentindo culpadas (como deveriam) e ainda mais ansiosas e deprimidas, tentando imaginar como pagariam pelos novos bens adquiridos.

Num caso como este, a mulher mais velha deve instruir a mais nova a ser grata a Deus pelo que tem e por aquilo que Ele tem lhe ensinado. Sua atitude deve ser "em nome do Senhor Jesus, dando por ele graças a Deus Pai" (Colossenses 3.17). Ela deve exercer o autocontrole quando o dinheiro é curto e não fazer compras ou assinar cheques.

Permanecer no orçamento com gratidão é um dos modos como a mulher mais jovem pode ser sensata no sentido *sophron*. Outro modo de ser sensata é...

Ser Realista

Ter uma boa mente envolve encarar a realidade com a esperança em Deus. Filipenses 4.8 nos ensina a ocupar a nossa mente com "tudo o que é verdadeiro". O bom pensamento é realista e demonstra esperança em Deus. Por exemplo, ao invés de pensar: "Pode ser que meu marido perca o emprego. Não vou suportar a pressão.", pense: "Meu marido pode perder o emprego, mas Deus é bom e nos dará a graça de passar por isso, se acontecer." O primeiro tipo de pensamento deixa Deus fora da situação; é desesperado e avassalador. O segundo exemplo é um pensamento nada agradável, mas como inclui Deus, demonstra esperança ao invés de desespero. Independente da dificuldade das circunstâncias, sempre há esperança quando Deus faz parte da situação.

Além de ensinar a mulher mais jovem a ser realista pensando de modo correto, a mulher mais velha deve influenciar a mais jovem com sua tranquilidade. Em outras palavras, ela deve oferecer esperança à mulher mais jovem, levando-a ao Senhor. Enfrentar uma circunstância difícil sem esperança só vai aumentar desnecessariamente o fardo da mulher mais jovem.

Recentemente conversei com uma jovem que está numa situação tão difícil que alguns considerariam uma crise. Um dia, quando terminávamos uma conversa por telefone, ela disse: "Sempre me sinto melhor quando converso com você". Por quê? Porque a ajudei a enfrentar o que estava acontecendo, mas fazendo-o de modo que ela honrasse o Senhor e se voltasse a Ele. Ela se sentia melhor, não por ter conversado comigo, mas porque mudou o foco de seu pensamento de si mesma para o Senhor.

Outra forma de enfrentar a realidade é pensar biblicamente. Há muitos anos, quando eu estudava enfermagem, fui escalada para estagiar num grande hospital público psiquiátrico durante 3 meses. Lá conheci muitos pacientes que tinham crenças ilusórias sobre Deus. Uma das pacientes pensava que havia dado à luz o menino Jesus. Outros pensavam que eram Deus ou o Senhor Jesus Cristo. Eles eram religiosos em seu exterior, mas interiormente estavam perdidos. Suas mentes não eram sãs. Eles tinham (como se diz popularmente) "perdido a cabeça".

Ninguém jamais "perdeu a cabeça" por crer na Palavra de Deus, por pensar corretamente em Deus e por obedecê-Lo. Pouco antes de tornar-me crente, eu era muito instável emocionalmente. Depois que fui salva, Deus começou a renovar minha mente por meio de Sua Palavra (Romanos 12.1-2). Enquanto eu lia a Bíblia, orava e crescia em Sua graça, me tornava mais e mais estável a cada dia. Deus deseja que enfrentemos a realidade, o que inclui pensar corretamente sobre Ele e sobre nós mesmos. As piedosas mulheres idosas ensinam e instruem as mais jovens a enfrentar a realidade.

Como escrevi antes, "serem sensatas" é um amplo termo que inclui autocontrole, prudência e uma mente sã. Meu pai falava sobre ter bom senso. Ele tentava me ajudar, e agora tento ajudar outras jovens crentes.

Além de ajudar as mais novas a serem sensatas, a mulher mais velha deve ensiná-las e instruí-las a serem honestas.

Ser Honesta

Quando me tornei crente, eu pensava que era tão santa! Na verdade, eu me sentia santa. Mas chegou o dia em que descobri que não era nem de longe a santa que acreditava ser. De fato, eu continuava pecando seriamente contra o Senhor.

A palavra grega traduzida por "honestas" em Tito 2 é *hagnos*. Significa ser "livre de contaminação ritual; santo; sagrado; casto; puro; livre de pecado; inocente"[3]. Esta palavra é semelhante a *hagios*, que sempre é traduzida por "santo"[4]. Esta pureza não é apenas uma castidade exterior, mas também liberdade interior de pensamentos impuros.

Frequentemente, pensamos que a escravidão à lascívia é geralmente um problema para o homem mas não para a mulher. Não é verdade. A mulher também pode se deixar enredar pelo mundo das fantasias, pela autogratificação, pornografia e imoralidade. E tudo começa no pensamento.

Pensamentos Puros

De acordo com as Escrituras, o coração do homem corresponde a quem ele é em seu interior. É o que ele pensa e o motiva. Não há uma força secreta, escondida, inconsciente que nos obriga a fazer coisas erradas. Somos totalmente responsáveis perante Deus pelo que pensamos e fazemos. O Senhor Jesus Cristo se preocupava muito com a pureza do homem. Ele explicava que um coração impuro vem daquilo que alguém pensa e então manifesta exteriormente.

> *"Mas o que sai da boca vem do coração, e é isso que contamina o homem. Porque do coração procedem maus desígnios, homicídios, adultérios, prostituição, furtos, falsos testemunhos, blasfêmias. São estas as coisas que contaminam o homem; mas o comer sem lavar as mãos não o contamina".*
>
> Mateus 15.18-20

Portanto, é de vital importância que toda mulher cristã se arrependa de sonhar acordada, e de todo tipo de fantasia sexual ou autogratificação. É difícil romper com estes hábitos pecaminosos, mas certamente não é impossível, pela graça de Deus. Se ela se habituou a pensar de maneira luxuriosa, ela também pode, pela graça de Deus, parar com esse hábito. Quando ela tiver um pensamento impuro, ela deve substituí-lo por um que honre a Deus. Certamente o pecado traz algum prazer momentâneo, mas a culpa final diante de Deus não vale a diversão de poucos momentos.

O critério bíblico para pensamentos puros é encontrado em Filipenses 4.8. "Finalmente, irmãos, tudo que for... puro... seja isso o que ocupe o vosso pensamento". Estes pensamentos não conduzem à luxuria. Quanto maior a escravidão à lascívia, mais ela deve lutar para converter seus pensamentos e para depositar suas afeições em Deus.

Às vezes, fazer perguntas de cunho sexual é constrangedor para a mulher idosa e humilhante para a mais jovem. Quanto mais verdadeira a mulher mais velha for ao fazer perguntas, mais fácil será para a mais jovem se abrir e falar. Obviamente que estes são assuntos muito delicados, e devem ser reservados para momentos em privativo e para depois que a mulher mais velha tiver desenvolvido um relacionamento mais estreito com a mais jovem. Se a mulher mais jovem tiver algum problema, a mais velha, baseando-se em Tito 2, deve chamá-la à responsabilidade, sempre perguntando como ela tem ido. Pode ser útil para a mulher mais velha que peça à mais jovem para escrever o que ela <u>vai pensar</u> da próxima vez que for tentada. Talvez ela possa mudar o seu pensamento para orar por alguém em específico ou cantar uma música que honre a Deus. Além de ter pensamentos piedosos e puros, a mulher mais velha deve ensinar e instruir a mais jovem a evitar situações que sejam propícias à tentação.

Não Alimentar os Desejos da Carne

O apóstolo Paulo deixou claro que todas as ações do crente devem ser puras diantede Deus. Os crentes devem deixar sua antiga e luxuriosa maneira de viver.

> *"Vai alta a noite, e vem chegando o dia. Deixemos, pois, as obras das trevas e revistamo-nos das armas da luz. Andemos dignamente, como em pleno dia, não em orgias e bebedices, não em impudicícias e dissoluções, não em contendas e ciúmes; mas revesti-vos do Senhor Jesus Cristo <u>e nada disponhais para a carne no tocante às suas concupiscências</u>".*
>
> Romanos 13.12-14,
> ênfase acrescentada.

Para algumas mulheres, não dispor nada para a carne, ou seja, não alimentá-la, pode significar ter que abandonar certos hábitos como assistir a novelas, ler romances, pornografia, ficar na cama, ouvir alguns tipos de música e sonhar acordada. Conheci uma jovem esposa e mãe cristã professa que não somente fazia provisões para a carne, como também organizava toda a sua vida em torno das novelas. Se ela tivesse tarefas para executar ou uma consulta médica, ela fazia questão de chegar em casa a tempo de assistir seus programas de TV. Algumas manhãs, ela terminava o serviço de casa correndo para que nada atrapalhasse os programas da tarde. Ela enchia sua mente (e seu coração) com pensamentos impuros, corrompidos. Não me surpreendeu quando ela se divorciou do marido apenas porque ele não era mais interessante para ela. <u>Nenhum marido</u> consegue ser tão interessante quanto aquele que a mulher quiser imaginar em sua mente.

Certas companhias também podem alimentar os desejos da nossa carne. Por exemplo, uma mulher que esteja envolvida em um relacionamento homossexual pode ter um apego idólatra com outra mulher. No sexo ilícito, as emoções são desordenadas. Há uma influência muito forte, porque "os entregou Deus a paixões infames; porque até as mulheres mudaram o modo natural de suas relações íntimas por outro, contrário à natureza" (Romanos 1.26). Além de ajudá-la a clamar a Deus por misericórdia para arrepender-se, a mulher mais velha deve também ajudar a mais nova a reestruturar radicalmente a sua vida. Se ela continuar a viver ou confraternizar com sua parceira homossexual, é improvável que consiga ser bem-sucedida em romper com o pecado da homossexualidade.

Provavelmente ajudaria a mulher mais jovem, se a mais velha demonstrasse uma preocupação genuína com a parceira dela. Ela pode se oferecer para ajudar a parceira (se ela quiser ajuda) ou pode oferecer para encaminhá-la ao pastor ou a outra senhora piedosa. Com certeza glorificará a Deus se alguém tiver a oportunidade de apresentar-lhes as reinvindicações de Jesus Cristo (veja 1 Coríntios 6.9-11). Apenas ignorá-la, sem demonstrar preocupação por seu bem-estar, faz com que seja ainda mais difícil para a mulher mais jovem, e isso não é misericordioso.

A mulher mais jovem pode, equivocadamente, acreditar que é responsável por sua amante homossexual. Sua parceira pode ter-lhe dito: "Você é a única pessoa que me ama. Não posso viver sem você". Esta ideia simplesmente não é verdade. Ela também pode pensar: "Ninguém nunca vai me amar da maneira como ela me amou". Ao que eu recomedaria que a mulher de Tito 2 respondesse: "Deus não permita que alguém ame você de modo tão ímpio!" Ensine-a que o amor verdadeiro e bíblico é aquele que "não se alegra com a injustiça, mas regozija-se com a verdade" (1 Coríntios 13.6). Este amor é puro e agradável a Deus.

Quer a mulher mais velha esteja ajudando uma homossexual, uma jovem que tem relações sexuais com o namorado, ou uma mulher de meia idade que comete adultério, é vital que ela ajude estas pessoas a não disporem nada para a carne. Se alguma delas alega ser crente e não se arrepender, a mulher mais velha deve chamar duas ou mais testemunhas e, juntamente com elas, confrontá-la (confira em Mateus 18.15-16). Se ela ainda assim não se arrepender, passa a ser um caso de disciplina eclesiástica. A mulher mais velha deve procurar o pastor e/ou os anciãos e pedir-lhes que se envolvam no caso (veja Mateus 18.17-18)[5]. Estes passos são vitais no papel da mulher mais velha de ensinar e instruir (e também admoestar) a mais jovem a ser pura.

Se o arrependimento dos pensamentos e atos impuros traz honra a Deus, se a jovem mulher permanecer pura, isto trará ainda mais honra ao Senhor. Mesmo que alguns testemunhos de conversão sejam empolgantes e que pareça inacreditável como Deus transforma as pessoas, aquelas que são puras e permanecem inocentes diante de Deus são uma demonstração ainda maior de sua graça. Por isso, a mulher mais velha deve ensinar a mais nova a...

Permanecer Inocente

Em Tito 1.15, Paulo escreveu: "Para os puros, todas as coisas são puras". Ao pensar sobre isso, não acredito que "puro" ou "inocente" signifique ser ingênuo. Contudo, significa não se expor facilmente à impureza. Uma coisa é ter uma compreensão das coisas para que você possa se proteger, e aos seus filhos, e para que possa ajudar as mulheres mais jovens, mas outra coisa é ler livros impuros e assitir pornografia e novelas na TV.

Minha grande amiga Maribeth Standring é uma senhora solteira que se manteve pura. Nos últimos anos, ela tem se envolvido no ministério de aconselhamento para mulheres jovens, onde atualmente trabalha. Algumas dessas mulheres eram casadas ou estavam para se casar. Outras eram homossexuais. Cada uma delas tinha perguntas claras sobre sexo. A fim de dar-lhes um claro direcionamento bíblico, Maribeth teve de entender melhor sobre o que as mulheres mais jovens falavam. Maribeth me consultava sobre esses assuntos. Dei-lhe informação suficiente para que ela pudesse tecer conselhos piedosos. Entretanto, não contei a Maribeth detalhes sensuais que pudessem tentá-la a pensar pecaminosamente. Ela teve que superar seu constrangimento tanto quanto sua falta de conhecimento sobre o assunto, mas ela não teve de perder sua pureza.

Resumo

"Ensiná-las a ser honestas" é um grande desafio em nossa cultura sodomista. O sexo é um deus em nossa cultura. Deus planejou o sexo para ser algo maravilhoso, agradável e puro. O homem em sua pecaminosidade perverteu isso em algo sujo, ímpio e imoral. As mulheres mais velhas <u>precisam</u> ensinar as mais novas a serem honestas, ajudá-las, protegê-las, e se as mais jovens caírem em pecado sexual, devem exortá-las a se arrependerem.

Conclusão

Este capítulo explicou o significado de ensinar e instruir as mulheres mais jovens a serem sensatas e honestas. Para cada uma dessas instruções consideramos três aplicações práticas que <u>demonstram</u> o que a mulher em Tito 2 deve ensinar. Ela deve ensinar a mulher mais jovem a ser sensata estabelecendo prioridades bíblicas e fazendo escolhas sensatas, permanecendo no orçamento e enfrentando a realidade. A mulher mais velha deve também ajudar a mais jovem a ser honesta tendo pensamentos puros, nada dispondo para a carne e permanecendo pura.

No próximo capítulo, vamos aprender <u>como</u> a mulher mencionada em Tito 2 pode ensinar a mais jovem a ser uma boa dona de casa e a ser bondosa.

Questões Para Estudo

1. O que significa a palavra grega *Sophron*?

2. Cite três aplicações práticas, no capítulo sete, que as senhoras devem usar para instruir as mais jovens a "serem sensatas".

3. Você pode citar outras?

4. Quais devem ser as prioridades de uma esposa e mãe? Qual é seu ministério principal?

5. Que problema implícito pode existir, a respeito do dinheiro, que seja mais sério do que não saber elaborar um orçamento?

6. Que passagem apropriada das Escrituras poderia ser usada para ensinar uma mulher mais jovem que não está contente com aquilo que tem?

7. Explique em detalhes o que você pode dizer a uma mulher jovem que esteja desesperada e diz "Meu marido está doente. Se ele tiver câncer eu não vou suportar. Não vou aguentar a pressão!"

8. Cite quatro ou cinco versículos que você pode usar ao ensinar e instruir outra mulher a ser pura.

9. Escreva o que poderia ser "alimentar os desejos da carne" em sua própria vida, assim como na vida dos outros.

10. Como uma senhora pode manter-se pura e ainda assim saber bastante sobre impureza para que possa ajudar a uma mulher mais jovem?

11. E os seus pensamentos e ações? Eles são puros aos olhos do Senhor ou você se sente constrangida quando percebe que Deus conhece todos os seus pensamentos e ações? Há alguma impureza da qual você precisa se converter? Comece confessando seu pecado a Deus (1 João 1.9). A seguir, planeje como <u>não</u> alimentar os desejos da sua carne. Se necessário, peça a uma senhora que lhe ajude a cumprir isso.

Capítulo 8

Ser boa dona de casa e ser bondosa

Uma das mais frequentes perguntas que me fazem é: "É correto a mulher cristã trabalhar fora?" Eu detestava essa pergunta porque, independente de como eu respondesse, alguém sempre ia ficar com raiva de mim. Minha resposta foi mudando ao longo dos últimos 15 anos. Quando era nova convertida, eu não tinha uma opinião definida sobre esse assunto. Havia muitas outras questões bíblicas que eu tentava compreender. Mais tarde, passei a acreditar que nenhuma mulher cristã, independente de sua idade ou das circunstâncias, deveria trabalhar fora. Agora compreendo que Deus está mais interessado no coração de uma mulher do que com a conformidade a uma regra absoluta. A questão é, para a grande maioria, que a mulher não deve trabalhar fora de casa. Ela deve se contentar em permanecer em casa e servir sua família fazendo sacrifícios materiais, quando necessário. Não obstante, se o coração é puro diante de Deus e sua intenção é glorificá-Lo, é errado que eu seja tão dogmática a respeito da mulher nunca trabalhar fora, independente da razão. Viu! Eu disse que alguém ia ficar com raiva!

A frase "boas donas de casa" em Tito 2.5 é a palavra grega *oikouros*. É uma palavra composta que vem de *oikos* – que significa "habitação, lar ou moradia" e *ergon* – "trabalhar ou estar empregado"[1]. Não consegui encontrar modo melhor de explicar o que acredito a respeito das mulheres trabalharem fora, do que aquilo que expressei no livro "Esposa Excelente"[2].

O conceito bíblico de "dona de casa" não é popular nos dias atuais, mas acredito que Deus designou que as mulheres, principalmente as mais jovens, permaneçam em casa, cuidem bem de seus lares e de suas famílias. Uma esposa que se envolve em muitas atividades ou muito trabalho fora de casa não tem tempo nem energia para manter seu lar como deve.
Se a esposa está trabalhando fora do lar ou pensando em voltar a fazê-lo, deve examinar suas motivações. O que ela realmente quer? Em que ela tem colocado seu coração? Em tentar "ser alguém" na vida? Em ter bens materiais? Fugir da necessidade de cuidado das crianças? Substituir seu esposo na necessidade de trabalhar? Nenhum desses motivos glorifica a Deus. Eles servem ao "ego" e são pecaminosos. Motivos piedosos seriam: aprender "a viver contente" (Filipenses 4.11); "Em tudo dai graças" (1 Tessalonicenses 5.18); "Portanto, quer comais, quer bebais, ou façais qualquer outra coisa, fazei tudo para a glória de Deus" (1 Coríntios 10.31). Ficar em casa e organizar uma moradia limpa e bem dirigida é a ênfase mais bíblica do ministério dado por Deus à esposa.
Você pode estar pensando: "Tudo isso é bom, mas e se o casal tem dívidas?" Um casal que está envolvido em tantas dívidas que a esposa tenha de trabalhar, deve fazer sacrifícios para viver dentro de suas possibilidades de orçamento, enquanto trabalha sistematicamente para reduzir seu débito. Em outras palavras, este casal deve fazer algo para que a esposa pare de trabalhar fora e fique em casa. Muitas vezes, se o casal fizesse uma avaliação honesta do que a esposa ganha, e

considerassem quanto gastam de transporte, creche para as crianças, impostos, vestimenta, refeições fora de casa, empregada, notas do supermercado que aumentam em função da compra de comida congelada, o casal veria que está perdendo dinheiro. Seria muito mais sábio que ela ficasse em casa e cuidasse da família! Ainda que isso signifique que ele tenha de trabalhar horas extras ou arrumar um trabalho extra, para quitar as dívidas, ainda assim ele teria mais energia sobrando, pois sua esposa estaria em casa ajudando-o, organizando a vida familiar, as roupas, a comida, etc.

E se o marido instruir a esposa a trabalhar, ela deve se submeter? Sim, a não ser que a esposa o convença de que ela estaria pecando por trabalhar. Pode ser pecado para ela dar suporte financeiro ao marido, se ele se tornar irresponsável e preguiçoso. Ao contrário, ela deve beneficiar-se dos recursos bíblicos dados por Deus para protegê-la[3]. Embora não seja um pecado, pode ser sábio para a esposa não trabalhar fora e não colocar as crianças em uma creche, se as crianças forem suscetíveis a adoecer muitas vezes, por ficarem juntas com outras crianças na creche. Certamente, há pecado se as crianças, destituídas do cuidado materno, não estão sendo criadas na "disciplina e na admoestação do Senhor" (Efésios 6.4).

Uma jovem mãe que aconselhei mostrou ao marido que o que ela poderia ganhar trabalhando fora de casa, no final, seria perda de dinheiro. No entanto, ela pensou em uma alternativa bastante criativa e resolveu trabalhar duas ou três manhãs por semana limpando casas, enquanto as crianças estavam na escola. Mais tarde, ela trabalhou meio período para seu marido, quando ele estava começando um novo negócio. Esta opção foi melhor porque ela pôde administrar a casa e cuidar das crianças.

E se o marido adoecer ou morrer? Em alguns casos, creio que a igreja dela tem a responsabilidade de ajudá-la a ficar em casa com suas crianças (veja 1 Timóteo 5.1-16). Se a igreja não o fizer, ela deve procurar emprego para trabalhar em casa ou fora de casa. A não ser por impedimento providencial de Deus, a responsabilidade da esposa é ser "dona de casa" e manter um lar ordenado e organizado. Não significa que o marido e os filhos não possam ajudar, mas ela deve estabelecer as regras. Caos e desordem criam tensão e contenda. Roubam da esposa a energia necessária para desenvolver a relação com seu marido e seus filhos. A ocupação da esposa deve ser definida em como manter um lar ordenado e ser organizada em relação às compras de supermercado e às refeições. Há muitos livros bons nas livrarias, que são muito úteis; e se esta área de sua vida está fora de controle, ela deve buscar recursos para mudar.

Mesmo que o termo "boas donas de casa" não seja uma ideia muito popular, ela deve ser uma alegria para toda esposa e mãe cristã. Ela deve trabalhar (*ergon*) em casa. O Pastor John MacArthur explica *ergon* da seguinte maneira:

> O verbo *ergon* não se refere simplesmente ao trabalho em geral; muitas vezes se refere a um trabalho ou função em particular. Foi a palavra que Jesus empregou quando disse: "A minha comida consiste em fazer a vontade daquele que me enviou, e realizar a sua <u>obra</u>" (João 4.34, ênfase acrescentada). Nosso Senhor dedicou toda a sua vida em cumprir a vontade de Deus. Similarmente, a esposa deve dedicar sua vida ao lar. Deus designou a família para ser uma esfera de responsabilidade. Não quer dizer, porém, que a mulher deve dedicar 24 horas por dia à família; a mulher de Provérbios 31 deixava o lar quando saía para comprar um campo ou quando precisava de suprimentos. Mesmo assim, essas saídas eram para o benefício da família: acordava cedo e ia dormir tarde em prol dos seus entes queridos.
>
> Note que Paulo não fez nenhum esforço para explicar o que queria dizer "donas de casa". Seus leitores estavam totalmente familiarizados com o termo. A *Mishna*, uma antiga

codificação da lei e da tradição judaica, dá-nos algumas informações sobre como era a vida de uma esposa nos dias de Paulo. Ela devia moer trigo, fazer pão, lavar roupas, cozinhar, cuidar dos filhos, arrumar a casa, tecer roupas de lã e levar as crianças à escola. Embora muitas mulheres acompanhassem o marido no labor no campo ou no comércio, estes ainda tinham a responsabilidade principal de prover o sustento da casa. As mulheres que trabalhavam separadas do marido no mercado ou no comércio eram consideradas uma desgraça. A esposa, porém, podia trabalhar com artesanato ou agricultura em casa e vender os produtos do seu labor. Seus lucros, então, podiam ser usados para suplementar o salário do marido ou para comprar algo especial. Além do trabalho da casa, as esposas eram responsáveis pela hospitalidade e pelo envolvimento nas obras de caridade. As leis judaicas eram claras: a prioridade da mulher era o lar. Ela tinha de cuidar de todas as necessidades da casa, dos filhos, do marido, dos hóspedes e dos pobres e necessitados. A esposa que desempenhava estas funções com fidelidade era altamente estimada na família, na sinagoga e na comunidade[4].

Agora que consideramos o que significa ser "boa dona de casa", quero focar no propósito deste capítulo que é o da mulher em Tito 2 ensinar a mais nova a trabalhar no lar. Há pelo menos três coisas: exortá-la a trabalhar com diligência e a não ser preguiçosa, ensiná-la a ser organizada e ajudá-la a prever as necessidades de sua família.

Exortá-la a Trabalhar com Diligência e a Não Ser Preguiçosa

"Atende ao bom andamento da sua casa e não come o pão da preguiça".

Provérbios 31.27

Uma esposa piedosa trabalha muito e não é preguiçosa. Ela ficará em casa o tempo suficiente para que possa fazer todo o seu trabalho. Tenho ouvido que algumas mulheres se orgulham em serem "pessoas noturnas". Isso significa que elas têm dificuldade em levantar cedo porque ficam acordadas até altas horas da madrugada. Elas ficam acordadas lendo, vendo TV, ou fazendo algo de seu interesse. Na manhã seguinte, elas estão muito cansadas para levantar-se e cuidar da família. Os filhos e o marido são deixados de lado.

Estas mulheres não são "pessoas noturnas"; são preguiçosas e egoístas. Quem não gostaria de ficar acordado até altas horas fazendo o que gosta e depois poder dormir até tarde no dia seguinte? Os preguiçosos estão sempre ocupados, mas nunca com aquilo que Deus lhes deu para fazer. São extremamente indulgentes consigo mesmos. As senhoras mais maduras da igreja devem confrontar estas jovens mães cristãs de maneira amorosa, porém firme, exortando-as a não serem egoístas e a considerarem suas famílias "superiores a si mesmas" (Filipenses 2.3).

Uma vez que a jovem esposa consiga acordar antes do marido e dos filhos, ela deixará de ser uma "pessoa noturna". Ela estará cansada à noite e irá para cama numa hora razoável e então estará de pé para servir sua família na manhã seguinte. Ela será como a mulher virtuosa de Provérbios: "É ainda noite, e já se levanta, e dá mantimento à sua casa" (Provérbios 31.15).

Além de exortar as mulheres mais jovens a trabalharem e a não serem preguiçosas, a mulher em Tito 2 também deve ser organizada e aconselhá-las nesta área.

Conselhos Sobre Organização

Conselhos simples podem revolucionar a vida da mulher jovem. Aqui estão alguns exemplos:

CONSELHOS PRÁTICOS SOBRE ORGANIZAÇÃO
1. Faça uma lista de todo o trabalho que tem a fazer naquele dia.
2. Liste esses itens de acordo com a seguinte ordem de prioridade: primeiro os que você menos gostaria de fazer e depois os que mais gostaria. Primeiro faça os mais difíceis e aqueles que você menos sente vontade.

3. Com exceção de colocar roupa na máquina, complete primeiramente uma tarefa antes de passar para a próxima.

4. Se você tem algo em suas mãos, coloque-o no exato lugar onde precisa estar. Isto lhe fará economizar muitas horas procurando por coisas. Também fará com que você não se sinta sufocada. Se a sua casa tem dois andares, coloque tudo que for do andar de cima num cesto e ponha o cesto próximo às escadas. Da próxima vez que você subir, leve o cesto e arrume as coisas em seus devidos lugares.

5. Quando vir que a comida, os produtos de limpeza e outros estão acabando, vá anotando o que precisa comprar numa lista que esteja afixada num lugar apropriado.

6. Pense nos cartões e presentes de aniversário que você precisa comprar para o próximo mês. Compre-os todos juntos no fim do mês anterior. Reserve um ou dois cartões de aniversário ou de agradecimento, para o caso de você precisar.

7. Quando comprar um presente, embrulhe-o no mesmo dia que comprou ou um dia antes da festa. Assim ele estará pronto e você evitará a correria do último minuto.

8. Levante-se antes da família, vista-se e arrume-se para o dia. Seu dia será muito menos "atropelado".

9. Adquira uma caixa-arquivo. Marque as divisórias com as categorias que você precisa usar, e organize os papéis para uso futuro. Algumas categorias importantes: documentos médicos, documentos importantes, contas, etc.

Uma das jovens que discípulo de acordo com Tito 2 é Kimberley. Ela é um bom exemplo de organização e trabalho diligente. Ela se empenha com determinação no planejamento de refeições, em manter sua despensa bem abastecida, e em cozinhar.

Atualmente Kimberley dá estudos bíblicos para um grande grupo de jovens esposas. Um dia pediram que ela as ensinasse a planejar refeições e fazer compras. Ela disse "OK! Estejam aqui no sábado às 8 horas da manhã e eu as levarei para fazer compras". Embora, na hora, elas tenham reclamado um pouco do horário, por fim, concordaram em se encontrar no sábado. Elas também queriam aprender de Kimberley a se tornarem mulheres que atendem ao bom andamento da sua casa (Provérbios 31.27).

Além de exortar as mulheres mais jovens a trabalharem com empenho, a não serem preguiçosas e dar-lhes conselhos sobre organização, as mulheres mais velhas também devem ajudá-las a...

Prever as Necessidades da Família

FORMAS DE PREVER AS NECESSIDADES DA FAMÍLIA
1. Sempre tenha pelo menos uma refeição rápida congelada para o caso de você não poder cozinhar numa determinada ocasião.
2. Procure passar roupas toda semana.
3. Que seu marido sempre tenha roupas íntimas limpas na gaveta.
4. Planeje a compra de roupas para as crianças. Por exemplo, podemos encontrar ótimas peças de roupa a preços bem acessíveis nas liquidações de trocas de estação, levando em consideração o tamanho que a criança terá quando for usar aquela roupa.
5. Se você está costurando algo que precisa entregar num determinado prazo, comece bem cedo para que tenha tempo suficiente para fazer um bom trabalho.
6. Tenha sempre comida suficiente em casa para preparar refeições nutritivas e lanches nas horas certas.
7. Faça uma lista de futuras tarefas como: "Itens de compra na farmácia". Incentive os membros da família a anotarem ali suas necessidades, logo que surgirem.

Minha amiga Carol é um autêntico exemplo de mulher que prevê as necessidades de sua família. Ela passa as roupas logo que as tira da secadora! Nunca conheci alguém que fizesse assim; o marido de Carol sempre encontra camisas passadas no guarda-roupa, e ela nunca fica confusa procurando algo para vestir no último minuto.

Assim como Carol, as mulheres cristãs devem ser especialmente habilidosas com as coisas do lar. Ser "boa dona de casa" é uma arte praticamente perdida em nossa cultura. No entanto, ao invés de se perder, a mulher em Tito 2 deve liderar o caminho.

Ao instruir e ensinar as mais jovens a cuidarem bem de sua família e de sua casa, a mulher de Tito 2 também deve ensiná-las a "dar o tom" no lar. E o tom apropriado começa pela bondade.

Ensiná-las a Ser Bondosas

> "Fala com sabedoria, e a instrução da bondade está na sua língua".
> Provérbios 31.26

A palavra grega para bondade é *agathos*, que significa "ser generoso, bom, gentil"[5]. O belo nome inglês Agatha vem de *agathos*. A bondade, generosidade e gentileza de uma mulher devem ser demonstradas ao realizar atos bons e generosos, bem como ao falar em um tom suave de voz. A mulher descrita em Tito 2 demonstra *agathos* com o seu exemplo pessoal.

Seja Exemplo de Como Realizar Atos de Bondade

A Mulher de Tito 2 deve mostrar com seu exemplo como fazer boas ações. Atitudes bondosas farão dela uma mulher bonita, e não a sua aparência física.

> "Da mesma sorte, que as mulheres, em traje decente, se ataviem com modéstia e bom senso, não com cabeleira frisada e com ouro, ou pérolas, ou vestuário dispendioso, porém com boas (agathos) obras (como é próprio às mulheres que professam ser piedosas)".
> 1 Timóteo 2.9-10,
> ênfase acrescentada.

Há muitos anos meu pastor, John Crotts, pediu-me que eu levasse uma senhora idosa de nossa comunidade ao médico, pois ela tinha uma consulta agendada no dia seguinte. Esta senhora tinha ligado para nossa igreja pedindo ajuda, pois um dos membros disse-lhe que ligasse quando ela precisasse de alguma coisa. Eu disse alegremente a John: "Ficarei feliz em poder ajudá-la!"

Meu plano era encontrar uma pessoa que fizesse essa boa ação. Depois de muitas tentativas para encontrar alguém, ficou claro que quem deveria fazer aquela boa obra era eu! Quando percebi que tinha que cumprir aquela tarefa, minha alegria começou a diminuir.

Na hora que percebi que ninguém mais estava disponível, comecei a ressentir-me por esta situação intrusa ter invadido meu dia. Mesmo me sentindo assim, telefonei para aquela senhora e fui muito simpática com ela, enquanto explicava que iria levá-la a consulta no dia seguinte. Ela parecia encantada no telefone e ficou muito agradecida. Fiz o que era certo exteriormente, mas em meu coração eu continuava ressentida com aquela intromissão em minha vida. Na manhã seguinte, continuei lutando contra aquela atitude pecaminosa. Por fim, não consegui mais suportar aquilo, então pedi a Deus que me perdoasse. Agradeci a Ele pela oportunidade e fiquei na expectativa de realizar aquela boa ação.

Pouco mais tarde, recebi um telefonema de uma mulher que geralmente acompanhava esta querida senhora nas consultas médicas. Ela disse: "Eu estava fora da cidade, por isso a Sra. S. não conseguiu fazer contato comigo. Agradeço por ter se oferecido para acompanhá-la, mas se você não se importar, prefiro levá-la eu mesma ao médico". Bem, já que ela insistiu!

Quando pensei em quão egoísta e malvada eu fui durante todo o tempo, e especialmente em como o Senhor sabia em todo tempo que eu não precisaria ir, fiquei profundamente constrangida e entristecida por meu pecado. Assim como eu deveria ter ajudado alegremente àquela senhora em sua necessidade, a mulher de Tito 2 também deve realizar boas ações com <u>alegria</u>.

Além de ser um exemplo para a mais jovem, a mulher idosa deve ajudá-la a expressar bondade no seu falar.

Ajude-a a Expressar Bondade Em Seu Falar

Há muitos versos na Bíblia que me constrangem toda vez que os leio. Um deles está em Provérbios 31.26: "Fala com sabedoria, e a instrução da bondade está na sua língua".

Palavras bondosas são complacentes, compassivas e biblicamente afetuosas. Uma mulher bondosa está sempre apta a dizer algo como: "Sei que isso deve ser difícil para você. Há algo que eu possa fazer para que você se sinta melhor?" ou "Sinto muito que isso seja tão complicado. Deixe-me ajudar-lhe". Certamente ela é bondosa quando abre sua boca.

A mulher descrita em Tito 2 não é somente boa em suas palavras, mas também em seu tom de voz.

Mostre a Importância de Falar em Tom de Voz Suave

Muitas mulheres habitualmente falam num tom de voz forte, áspero ou sarcástico. Por conseguinte, acabam anulando toda a bondade que existia em suas palavras e ações. Suas palavras não são "doces para a alma e medicina para o corpo" (Provérbios 16.24). Elas ainda não são mestras de sua boca (Provérbios 16.23).

A única maneira de a mulher deixar seu hábito pecaminoso de falar num tom áspero, é despir-se deste tom errado pela graça de Deus, substituindo-o por um tom suave. Toda vez que ela for áspera ou agressiva em seu falar, deve pensar não apenas no que deveria ter dito, mas também em como deveria tê-lo dito. Em seguida, ela deve praticar o jeito correto em voz alta. Não apenas isso, mas ela também deve ir até a pessoa a quem ofendeu e dizer: "Quando falei com você mais cedo e disse... eu não deveria ter dito dessa maneira. O que eu devia ter dito é..." Com a graça de Deus, ela se tornará verdadeiramente a mulher de quem se possa dizer: "a instrução da bondade está na sua língua" (Provérbios 31.26).

Resumo

Ser bondosa abrange generosidade, compaixão e boas ações. Em meios práticos, se demonstra por meio de boas ações com alegria, expressando palavras bondosas e compassivas, e falando-as em um tom suave, gentil e agradável de voz. A bondade é uma das marcas da mulher piedosa. A mulher de Tito 2 deve fazer todo o possível para ajudar a mais jovem a adornar-se com a verdadeira beleza – boas ações, feitas com um coração bondoso.

Conclusão

Este capítulo aborda meios práticos para que a mulher de Tito 2 possa ensinar e instruir a mais jovem a ser "boa dona de casa" e "bondosa". Estas duas instruções são a quinta e a sexta na lista das sete instruções para as mulheres idosas ensinarem às mais jovens.

No próximo capítulo, abordaremos a sétima e última instrução. Esta provavelmente é a mais controversa e mal-entendida de todas – ensinar as jovens recém-casadas a serem "sujeitas ao marido" (Tito 2.5).

Questões Para Estudo

1. Cite alguns exemplos de motivos pecaminosos que levam uma mulher cristã a considerar a possibilidade de trabalhar fora.

2. Quais são as motivações piedosas com relação ao trabalho?

3. Explique o que significa a palavra *ergon*. Veja a nota de John MacArthur a respeito do verbo *ergon*, no capítulo oito.

4. Você se considera uma trabalhadora dedicada e bem organizada? Se não, o que poderia fazer para mudar? Seja bem específica.

5. Como você descreveria palavras bondosas?

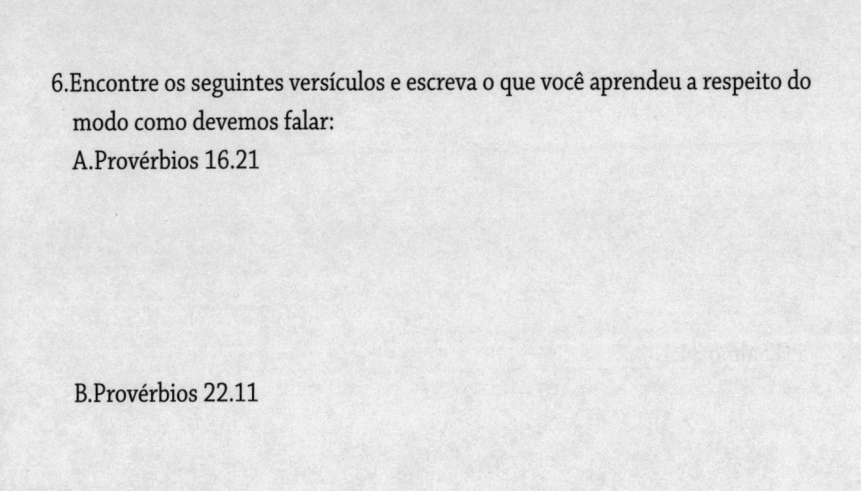

6. Encontre os seguintes versículos e escreva o que você aprendeu a respeito do modo como devemos falar:
A. Provérbios 16.21

B. Provérbios 22.11

C. Eclesiastes 5.6

D. Colossenses 3.8

E. Colossenses 4.6

F.1 Timóteo 4.12

G.Salmo 34.13

H.Efésios 4.15

I.Efésios 5.19

J.Mateus 12.34-36

K.Lucas 6.45

L.Provérbios 16.24

M.Provérbios 31.26

7.Depois de ter lido as passagens acima, qual é a sua oração?

Capítulo 9

Ser submissa ao marido

A submissão da mulher à autoridade de seu marido é o objetivo de Deus para a mulher cristã. O Novo Testamento dá a mesma ordem às esposas em quatro partes diferentes. Cada vez que o mandamento é dado, vem acompanhado da razão porque Deus quer que ela obedeça.

1 - *"As mulheres sejam submissas ao seu próprio marido, <u>como ao Senhor</u>"*

(Efésios 5.22, ênfase acrescentada).

2 - *"Esposas, sede submissas ao próprio marido, <u>como convém no Senhor</u>"*

(Colossenses 3.18, ênfase acrescentada).

3 - *"Quanto às mulheres idosas, semelhantemente... sejam mestras do bem, a fim de instruírem as jovens recém-casadas a... (serem) sujeitas ao marido<u>, para que a palavra de Deus não seja difamada</u>"*

(Tito 2.3-5, ênfase acrescentada).

4 - *"Pois foi assim também que a si mesmas se ataviaram, outrora, as santas mulheres que esperavam em Deus, estando submissas a seu próprio marido, como fazia Sara, que obedeceu a Abraão, chamando--lhe senhor, da qual vós vos tornastes filhas, <u>praticando o bem</u> e não temendo perturbação alguma".*

(1 Pedro 3.5-6, ênfase acrescentada)

Não há justificativa (seja na cultura ou em qualquer outra coisa) para que a esposa não seja submissa ao seu marido. Se a esposa quer fazer a vontade de Deus, ela precisa ser correta e ser biblicamente submissa. Porque este assunto é tão distorcido no mundo e na igreja, a mulher de Tito 2 precisa ser especialmente hábil em ajudar as mais jovens a agirem corretamente. Ela deve começar ensinando-as a doutrina da submissão bíblica.

Ensine a Doutrina da Submissão Bíblica

"Sujeitar-se" é a palavra grega *hupotasso*. Esta palavra é composta de duas outras, *hupo* ("estar sob") e *tasso* ("colocar em ordem, arrumar, designar")[1]. Corresponde a um termo militar e significa ser colocado sob autoridade militar. Por exemplo, no exército, o general está acima do capitão, o capitão acima do tenente, o tenente está acima do sargento, e assim por diante. Da mesma forma, a esposa está sob a autoridade do marido, em casa e no casamento.

Hupotasso mostra que a esposa deve ser submissa ao marido em todas as coisas (grandes e pequenas), a não ser que o marido peça algo que seja pecado. Se o marido quer que ela minta por ele ou que encoberte o pecado dele, por exmplo, ele está pedindo algo que é pecado. Se ele quer trazer pornografia para o quarto do casal, ele está pedindo algo que é pecado. De outro modo, quando não for uma questão que envolva pecado, a esposa deve obedecer graciosamente. De acordo com os versículos que acabamos de ler, esta é a vontade de Deus para ela.

Além de ensinar à mulher mais jovem o significado da submissão, ela também deve explicar claramente como a autoridade é vista por Deus.

Ensine a Autoridade de Deus Estruturada no Lar

Deus soberanamente ordenou a autoridade no lar, para que não houvesse caos, mas harmonia. Deus deseja que a esposa o glorifique por meio da submissão bíblica. Ele também tem como objetivo proteger a esposa e os filhos através da liderança do marido.

> "Porque o marido é o cabeça da mulher, como também Cristo é o cabeça da igreja, sendo este mesmo o salvador do corpo".
>
> Efésios 5.23

O marido tem autoridade no lar, mas uma consideração importante é que a sua autoridade não é absoluta. Somente Deus tem autoridade absoluta. Portanto, se o marido pede à esposa para pecar, ela, então, deve fazer como Pedro fez (em Atos): "Antes, importa obedecer a Deus do que aos homens" (Atos 5.29). Pense da seguinte maneira: Se o tenente receber ordens conflitantes do capitão e do general, a quem ele deve obedecer? É claro que ele deve obedecer à ordem do general. Da mesma forma, os mandamentos de Deus estão acima de qualquer ordem pecaminosa que o marido possa dar.

Gostaria de fazer considerações sobre este ponto, porque há uma visão errada sobre autoridade, ensinada por alguns pastores e por algumas mulheres crentes. Eles são pessoas que eu considero piedosas e que amam muito ao Senhor; contudo, estão interpretando errado a passagem de 1 Pedro 3.5-6.

> "Pois foi assim também que a si mesmas se ataviaram, outrora, as santas mulheres que esperavam em Deus, estando submissas a seu próprio marido, como fazia Sara, que obedeceu a Abraão, chamando-lhe senhor, da qual vós vos tornastes filhas, praticando o bem e não temendo perturbação alguma".

A interpretação errônea deles é explicada da seguinte maneira: no livro de Gênesis, Abraão pediu a Sara que mentisse por ele, dizendo que ela era sua irmã. Ela deveria propositalmente ocultar a informação de que também era sua esposa! Assim, eles concluem que toda esposa deve ser submissa ao marido, não importa o que ele peça. Fazendo assim, ela será como Sara, "praticando o bem" por meio da obediência. Consequentemente, Deus responsabilizará o marido por todo e qualquer pecado, e ela será como "as santas mulheres".

O problema desta interpretação é que Pedro não está dizendo à esposa para pecar por seu marido. Na verdade, há muitos versículos bíblicos mostrando claramente que cada um de nós é individualmente responsável por seus pecados. O fato é que, no livro de Gênesis, Sara estava pecando tanto quanto Abraão. Independente do pecado que cometeram, Deus os abençoou e resgatou. Teria sido muito melhor se Abraão e Sara tivessem confiado que Deus os protegeria e que guardaria Suas promessas!

O que Pedro está dizendo nesta passagem é que Sara tinha, de modo geral, um padrão de submissão em sua vida. Pedro <u>não</u> está dizendo que a esposa deve obedecer ao marido, se ele lhe pedir algo que seja pecado. Fazer isso seria inconsistente com o caráter de Deus e uma violação de muitos outros versículos. Pedro <u>não</u> está dizendo que <u>tudo</u> que Sara fez foi certo, da mesma forma que nem tudo que o rei Davi fez foi certo. Sim, o rei Davi era um homem segundo o coração de Deus. Nós também devemos ser homens e mulheres segundo o coração de Deus, mas não simulemos o pecado de Davi.

Ensine que Submissão Não Significa Inferioridade

Alguns ensinam o que eu costumo chamar de visão de "capacho" da submissão. A impressão é que, de alguma forma, o homem é superior e melhor do que a mulher. Não obstante, o ensinamento das Escrituras é contrário a esta visão de "capacho".

"Porque para com Deus não há acepção de pessoas".

Romanos 2.11

"Dessarte, não pode haver judeu nem grego; nem escravo nem liberto; nem homem nem mulher; porque todos vós sois um em Cristo Jesus".

Gálatas 3.28

"Maridos, vós, igualmente, vivei a vida comum do lar, com discernimento; e, tendo consideração para com a vossa mulher como parte mais frágil, tratai-a com dignidade, porque sois, juntamente, herdeiros da mesma graça de vida, para que não se interrompam as vossas orações".

1 Pedro 3.7

Algumas esposas são mais dotadas que seus maridos em intelecto e talentos. Algumas são boas em contabilidade. Outras são mais piedosas. Todavia, a esposa deve submeter-se, graciosamente, à autoridade do esposo. O marido pode sabiamente delegar certa responsabilidade a ela, mas ele, ainda assim, continuará sendo aquele que tem autoridade dada por Deus. Assim como o Senhor Jesus Cristo não é inferior a Deus Pai, a esposa também não é inferior ao seu marido. Entretanto, como o Senhor Jesus tem um papel diferente de Deus Pai, assim a esposa tem um papel diferente do marido (confira 1 Coríntios 11.3). As jovens precisam ser ensinadas neste conceito, para que sejam menos inclinadas a reagirem mal ao que a Bíblia ensina sobre submissão.

Ensine a Fazer um Apelo Apropriado

Outro conceito que a mulher mais velha deve ensinar à mais jovem é de como fazer um apelo apropriado. Porque a esposa deve ser submissa não significa que ela não tenha uma opinião ou pedido para que seu marido mude de ideia. Se ela decidir apelar para uma das decisões dele (em um caso onde ele não esteja pedindo para ela pecar), ela deveria começar dizendo algo como "Você poderia considerar...?"

O marido, então, perceberia que ela não está exigindo que se faça o que ela quer, mas que está fazendo um pedido gentil. Ela deve terminar seu apelo com algo como "...mas o que quer que você decida, eu farei". E ela deve fazer o que ele decidir com uma atitude alegre, compreendendo que é ao Senhor Jesus que ela está servindo. A resposta do marido é a vontade de Deus para ela naquele momento (a não ser que ele esteja pedindo que ela peque).

Somente Deus tem o direito de determinar como a esposa pode glorificá-Lo melhor em cada momento em particular. A mulher descrita em Tito 2 deve ajudar a mais jovem a entender que ela deve se preocupar mais em glorificar a Deus do que em ter as coisas do jeito que deseja.

Além de ensinar à mulher mais jovem a doutrina da submissão, a mulher mais velha deve servir-lhe como modelo de esposa biblicamente submissa.

Seja Um Modelo de Submissão Bíblica

Não é preciso dizer que a mulher de Tito 2 deve viver de acordo com o padrão de santidade de Deus. Se ela não o fizer, será hipócrita e provavelmente não conseguirá influenciar a ninguém. A mulher mais velha, que for casada, deve ter uma atitude alegre e biblicamente submissa ao seu marido. Ela deve servir ao Senhor com alegria como o salmista diz no Salmo 100:2. Ela também deve aprender a dar conselhos bíblicos sobre submissão e a responder corretamente se seu marido estiver pecando.

Aconselhe a Mulher Cujo Marido Está Pecando

É comum que a jovem crente peça conselhos em particular a uma mulher mais velha sobre o pecado de seu marido. A mulher mais velha pode se escandalizar com o relato da mais jovem. Entretanto, é importante que a mulher mais velha não reaja de modo a constranger a mais nova. Ao contrário, ela deve manter uma perspectiva bíblica sobre o pecado. O pecado é vil, mas pela graça de Deus não há nada do que a jovem mulher e seu esposo não possam se arrepender. Sempre há esperança em Deus, e a mulher mais velha deve ofertar essa esperança à mais jovem.

Neste processo de ajudar a mulher mais jovem, a mais idosa deve ouvir o suficiente para que possa tecer os conselhos bíblicos adequados, mas não para fazer fofoca e difamar o marido em pecado. A instrução é ouvir o suficiente para dar conselhos biblicamente corretos. Se a mulher mais jovem não quiser obedecer a Palavra de Deus, mas quiser continuar falando do marido, a mulher mais velha deve parar de ouvir, sendo preciso exortar a mais jovem a fazer o que é certo. No processo de aconselhamento bíblico há pelo menos três coisas a considerar:

1 - Não aconselhe a mulher mais jovem a pagar o mal com o mal, mas a pagar o mal com o bem.

> *"Não torneis a ninguém mal por mal; esforçai-vos por fazer o bem perante todos os homens; se possível, quanto depender de vós, tende paz com todos os homens; não vos vingueis a vós mesmos, amados, mas dai lugar à ira; porque está escrito: A mim me pertence a vingança; eu é que retribuirei, diz o Senhor. Pelo contrário, se o teu inimigo tiver fome, dá-lhe de comer; se tiver sede, dá-lhe de beber; porque, fazendo isto, amontoarás brasas vivas sobre a sua cabeça. Não te deixes vencer do mal, <u>mas vence o mal com o bem</u>".*
> Romanos 12.17-21,
> ênfase acrescentada.

Toda vez que o marido pecar contra ela, ela deve reagir abençoando-o. Ela pode preparar a refeição favorita dele, orar por ele, ou ter um pensamento gentil e amoroso como "Sei que ele está cansado. O que será que posso fazer para ajudá-lo?" Ao lhe retribuir com bem ao invés de mal, estará honrando grandemente ao Senhor, mostrando obediência à sua Palavra, e provavelmente não terá que lutar com a amargura. Deus também usará a sua obediência para levar o marido ao arrependimento.

2 - Aconselhe a mulher mais jovem a repreender biblicamente seu esposo (se apropriado). Ela deve mostrar ao marido o pecado dele, e não falar sobre ele com os outros. Se ela não reagir de maneira bíblica, é provável que ela fique profundamente amargurada. As diretrizes para fazer uma repreensão estão em Mateus 18.15-18 e Gálatas 6.1. A repreensão deve ser feita com amor e gentileza. Sua motivação deve ser a de levá-lo a restaurar seu relacionamento com Deus. Se ele for crente ela deve usar a Bíblia para respaldar a repreensão. Se ele não for crente, ela deve apelar para sua consciência, para que ele faça o que é certo.

Quero deixar bem claro que não estou dizendo que a esposa deve "alfinetar" o marido a cada mínimo deslize que ele vier a cometer. Mas quando a esposa observa aquilo que ela acredita ser um padrão de pecado na vida de seu marido e ele não responde aos apelos dela, a esposa tem a responsabilidade bíblica de levar o assunto adiante. Não há limites bíblicos em que pecados ela deve repreendê-lo ou não. Seja adultério, preguiça crônica ou irresponsabilidade, a esposa deve repreender seu marido em amor. Se ele não se arrepender e for crente, ela deve chamar outras testemunhas para o caso (Mateus 18.16).

3 - Ensine a jovem esposa a "não responder ao insensato segundo a sua estultícia" (provérbios 26.4-5). A melhor maneira de explicar isso é dando um exemplo: Suponha que o marido seja irresponsável e egoísta com o dinheiro. Sua esposa faz apelos, e ainda assim ele persiste naquele pecado. Ela o repreende com amor, e pede-lhe que se arrependa. Ao invés de concordar com ela, ele explode em ira pecaminosa, dizendo: "Você não se importa comigo, não quer que eu me divirta!" Ao invés de defender-se de suas acusações manipulativas, ela deve fazer o que ensina Provérbios 26.5: "ao insensato responde segundo a sua estultícia". Ela deve responder calma e gentilmente, algo como: "Querido, como crente sua responsabilidade é de falar comigo num tom de voz suave, e arrepender-se de seu egoísmo".

Ao aconselhar ou disciplinar mulheres jovens, instrua-as a fazerem uso dos recursos que Deus deu para sua proteção, quando o marido está em pecado. Para obter informações mais detalhadas sobre estes recursos leia o capítulo quatorze do livro Esposa Excelente[2].

À medida que a mulher mais velha aprende a ensinar e instruir as mais jovens a serem sujeitas ao marido, ela pode encontrar uma das duas visões bíblicas equivocadas sobre submissão. Uma delas é a "submissão mútua" e a outra é "ganhar o marido sem palavra alguma".

Ensino Antibíblico Sobre a Submissão

1 - A ideia equivocada da "submissão mútua".

Hoje, muitos ensinam um padrão antibíblico de submissão, no qual ensinam uma visão de submissão mútua do casal. Esta crença tem como base Efésios 5.21 que diz: "sujeitando-vos uns aos outros no temor de Cristo". Alegam que este é um mandamento geral para todos os crentes, e que o versículo seguinte, que diz que a mulher deve ser submissa ao marido não se aplica mais ao nosso contexto porque isso era uma prática cultural do tempo de Paulo. Apenas a submissão mútua se aplica aos nossos dias. John Piper e Wayne Grudem, no livro Homem e Mulher - seu papel bíblico no lar, na igreja e na sociedade, explicam porque a submissão mútua não foi o que o apóstolo Paulo tencionou:

...[Efésios 5.21] não ensina submissão mútua, de maneira alguma. Antes, ensina que todos nós devemos nos submeter àqueles que Deus colocou em posição de autoridade sobre nossas vidas – como esposos, pais ou patrões. Deste modo, Efésios 5.21 pode ser parafraseado: "Sendo sujeitos uns aos outros (ou seja, *a alguns outros*), no temor de Cristo".

O argumento primário em favor deste (...) ponto de vista é a própria palavra *hupotasso*. Embora muitas pessoas tenham afirmado que esta palavra pode significar "ser prudente e afável, agir em amor" (para com o outro) é duvidoso que um falante do grego do século I teria entendido esta palavra neste sentido, visto que ela sempre implica um relacionamento de submissão a uma autoridade. Ela é usada em outras passagens do Novo Testamento em referência à submissão de Jesus à autoridade de seus pais (Lc 2.51), aos demônios sendo sujeitos aos discípulos (Lc 10.17 – evidentemente, o significado de "ser afável e agir em amor" não se encaixa nesta passagem) (...) ao universo estando em sujeição a Cristo (1 Co 15.27)... Nenhum destes relacionamentos jamais é revertido; ou seja, os maridos jamais são

instruídos a serem sujeitos (*hupotasso*) à sua mulher, tão pouco os pais, aos filhos, nem os discípulos, aos demônios, etc. (...)
Portanto, dizer que o versículo ensina a submissão mútua parece ser uma compreensão errada de Efésios 5.21. Mesmo em Efésios 5.22-24, as mulheres não devem ser sujeitas a cada, ou a todos, os maridos, mas ao "seu *próprio* marido". A "submissão" que Paulo tinha em mente não é um tipo de afabilidade geral para com os outros, e sim uma submissão específica a uma autoridade superior...
A razão por que a interpretação de submissão mútua é tão comum é que os intérpretes *presumem* que o pronome grego *allelous* ("uns aos outros") tem de ser completamente recíproco (ou seja, "todos a todos") (...) isso não acontece em todos os usos desse pronome e, certamente, não tem de assumir esse significado. Há muitos casos em que ele significa "alguns aos outros". Por exemplo, em Apocalipse 6.4, "para que os homens se matassem *uns aos outros*" significa "para que *alguns* matassem *outros*" (e não "para que cada pessoa matasse cada outra pessoa" ou "para que aquelas pessoas que estavam sendo mortas matassem mutuamente aqueles que as estavam matando", o que não faria sentido). Em Gálatas 6.2, "Levai as cargas *uns dos outros*" não significa que "cada um deve trocar cargas com cada outra pessoa", e sim que "*alguns* que são mais capazes devem ajudar a levar as cargas de *outros* que são menos capazes".
Portanto, de acordo com esta (...) interpretação, pareceria melhor dizer que não é submissão mútua, e sim submissão às autoridades apropriadas, que Paulo está ordenando em Efésios 5.21[3].

Além da interpretação errada do original grego de Efésios 5, a visão de "submissão mútua" é comum nos dias de hoje por causa da influência humanista em nossa sociedade. John MacArthur explica bem isso:

Durante os últimos séculos, a sociedade ocidental tem sido bombardeada com a filosofia humanista, igualitária, assexuada e sem classes, que foi a força dominante por trás da Revolução Francesa. A indefinição, e até mesmo a remoção total de todas as distinções humanas, continua a ser algo arquitetado por Satanás, de modo a minar a legítima autoridade ordenada por Deus em todos os domínios da atividade humana – no governo, na família, na escola, e até mesmo na igreja. Encontramo-nos vitimizados pelos conceitos ateus de independência suprema do homem de toda a lei exterior e de autoridade. A filosofia é autodestrutiva, porque nenhum grupo de pessoas pode viver em ordem e produtividade, se cada pessoa se empenha em fazer sua própria vontade.

Infelizmente, grande parte da igreja caiu na armadilha desta filosofia humanista, e agora está disposta a reconhecer a ordenação de homossexuais, mulheres, e outros aos quais a Palavra de Deus especificamente desqualifica para a liderança da igreja. Costuma-se argumentar que o ensinamento bíblico, contrário ao igualitarismo, foi inserido pelos editores tendenciosos, escribas, profetas ou apóstolos. E a igreja está colhendo a tempestade de confusão, desordem, imoralidade e apostasia que tal qualificação da Palavra de Deus sempre gera. Muitos intérpretes da Bíblia se baseiam em uma hermenêutica guiada pela filosofia humanista contemporânea, em vez da autoridade absoluta das Escrituras como a inerrante Palavra de Deus.

Pedro e Paulo ensinaram exatamente a mesma verdade no que diz respeito à relação entre maridos e esposas. "Vós, mulheres, sede submissas [também de *hupotasso*] a seus próprios maridos" (1 Ped. 3:1a). A ideia não é de subserviência ou servilismo, mas de viver de bom grado sob a liderança do marido[4].

Outra razão porque a visão de "submissão mútua" não é correta, é porque em Efésios 5.24 as esposas são ensinadas a serem sujeitas ao marido assim como "a igreja está sujeita a Cristo". Como nunca haverá um tempo em que a igreja não esteja submissa a Cristo, assim também nunca haverá um tempo, nesta terra, em que as esposas não tenham que estar submissas ao marido. Não se trata de uma questão cultural. Trata-se de uma questão de autoridade ordenada por Deus.

2 - A ideia de "ganhar o marido sem palavra alguma".
Esta visão tem como base 1 Pedro 3.1-2.

> "Mulheres, sede vós, igualmente, submissas a vosso próprio marido, para que, se ele ainda não obedece à palavra, seja ganho, sem palavra alguma, por meio do procedimento de sua esposa, ao observar o vosso honesto comportamento cheio de temor".
>
> 1 Pedro 3.1-2,
> ênfase acrescentada.

Alguns acreditam que a esposa nunca poderia <u>repreender</u> o marido (mostrar-lhe o que ele está fazendo de errado) e, então, ganhá-lo sem palavra alguma, ou que ela deva repreendê-lo (e possivelmente levar o problema a testemunhas e à igreja) apenas sob circunstâncias extremas, tais como adultério ou violência física contra a esposa. É isso que Pedro está dizendo? Meditemos juntas nesses versículos:

> **Mulheres, sede vós, igualmente** (nosso exemplo é o Senhor Jesus Cristo e Sua submissão à vontade de Deus. Ele sofreu injustamente e a esposa também sofrerá injustamente, algumas vezes), **submissas a vosso próprio marido,** (aqui há uma ordem geral para todas as esposas, sejam casadas com crentes ou com incrédulos, para que sejam submissas ao marido), **para que, se ele ainda não obedece à palavra, seja ganho, sem palavra alguma, por meio do procedimento de sua esposa, ao observar o vosso honesto comportamento cheio de temor.** (esta parte mostra que o mandamento para ser submissa

é como evangelizar – "seja ganho" – maridos ainda não salvos – "se ele ainda não obedece à palavra". Sabemos que a frase "se ele ainda não obedece à palavra" se refere aos incrédulos porque Pedro usa esta mesma frase, "se ele ainda não obedece à palavra", em 1 Pedro 2.7-8 para descrever incrédulos que rejeitam a pedra angular, o Senhor Jesus Cristo. Pedro não mencionou uma palavra sobre repreensão. A questão para ele era ganhar os maridos incrédulos. As esposas não devem encher o travesseiro do marido de folhetos de evangelismo ou pregar para eles, mas ganhá-los através de seu comportamento piedoso e respeitoso).

**1 Pedro 3.1-2,
explicação acrescentada.**

Pedro está dizendo: "sejam submissas e tenham uma atitude piedosa". Pedro não está dizendo: "Não digam uma palavra aos seus maridos, independente do que eles façam". O Professor D. Edmond Hiebert, em seu comentário sobre a primeira epístola de Pedro, explica 1 Pedro 3.1-2 da seguinte maneira:

> Pedro ensinou que é dever da esposa cristã se submeter à autoridade de seu marido mesmo que ele não seja salvo. Sua submissão adquire um significado salvífico, se o marido não é cristão: "para que, se ele ainda não obedece à palavra, seja ganho, sem palavra alguma, por meio do procedimento de sua esposa". A cláusula de propósito, "para que" (*bina*), "a fim de que", indica que em condições indesejáveis, sua submissão assume a função de evangelização. Embora Pedro não tenha dado nenhuma garantia absoluta de que o marido seja salvo, ele estendeu a esperança como uma possibilidade real. As condições "se" (*kai ei*) e "se também", indicam que muitas esposas cristãs enfrentam essa situação angustiante. Segundo Pedro, tal situação não é somente resultado de uma mulher cristã ter se casado com um incrédulo, mas pode ser resultado do fato da esposa, em um casamento pagão, ter se tornado crente ...

"Se ele ainda não obedece à palavra" descreve aqueles casos em que o marido persistentemente rejeita ao chamado da "palavra", uma designação técnica para o Evangelho. Seja durante reuniões evangelísticas públicas ou visitas domiciliares do missionário, o marido e a esposa foram confrontados com a chamada ao evangelho de Cristo. A esposa experimentou sua força salvífica pela fé, mas o marido continuou a rejeitar a mensagem. O verbo negativo "não obedece", que significa literalmente "não ser persuadido", retrata aqueles que deliberada e persistentemente se colocaram contra as reivindicações do evangelho. De acordo com 1 Pedro 2.8, persistir em tal recusa é fatal. Como os primeiros cristãos acreditavam que o supremo ato de desobediência era de se recusar a submeter-se à verdade do evangelho, alguns intérpretes propõem que o termo denota simplesmente um descrente. No entanto, é mais convincente aceitar o pleno significado do verbo. Tal atitude antagônica em relação ao evangelho criava uma grande dificuldade para as mulheres cristãs, mas Pedro garantiu que a situação não estava sem esperança.[5]

O Professor Hiebert também explica o que significa "seja ganho, sem palavra alguma":

"Sem palavra alguma" não significa que a conversão do marido acontecerá sem a pregação do Evangelho (ele é o único agente regenerador de Deus). Usado sem o artigo definido, o substantivo *logou* indica os apelos orais da esposa. Se o marido não ceder à pregação da palavra autoritativa do Evangelho, ele pode ser alcançado por demonstrações de seu poder transformador em atitudes silenciosas da esposa em sua conduta diária. Em vez de tentar persuadir e argumentar com o marido para se tornar cristão, ela terá mais influência sobre seu esposo vivendo, silenciosamente, o poder salvífico diante dele. Sua consciência será forçada a admitir a presença de um poder divino na fé de sua esposa, ao qual ele tem, muitas vezes, ridicularizado.[6]

Um dos pontos que o Professor Hiebert destacou foi que Pedro escreve para que todas as mulheres sejam submissas aos seus maridos. No caso de serem casadas com um incrédulo, devem evangelizá-lo através de seu comportamento, não por meio de palavras. Esta passagem é a respeito de evangelismo, e não de repreensão.

Se o marido for crente, ela (a esposa) é sua irmã no Senhor. Portanto, ela é instruída em outras passagens a ajudá-lo a tornar-se o mais semelhante possível com o Senhor Jesus Cristo.

> *"Melhor é a repreensão franca do que o amor encoberto".*
> *Provérbios 27.5*

> *"[O amor] não se alegra com a injustiça, mas regozija-se com a verdade".*
> *1 Coríntios 13.6*

> *"(Jesus disse) Se teu irmão pecar [contra ti], vai argui-lo entre ti e ele só (de modo gentil, respeitoso, em amor, com a motivação de restaurar o relacionamento dele com o Senhor). Se ele te ouvir, ganhaste a teu irmão".*
> *Mateus 18.15,*
> *adaptação acrescentada.*

Se uma mulher é casada com um incrédulo, pode apelar para a consciência de seu esposo, ou repreendê-lo com base no que é certo. O fato de o marido não é ser crente não significa que a esposa não deva ajudá-lo a fazer o que é certo, se ele permitir. Ela simplesmente não deve usar as Escrituras para convencê-lo, pois ele não tem capacidade para entender questões espirituais (veja 1 Coríntios 2.14). Ela não deve esperar que seu marido incrédulo reaja como crente.

Algumas mulheres acreditam que quanto mais sofrem, mais santas são. Isto simplesmente não é verdade. É tolice sofrer desnecessariamente. É insensato e também falta de amor deixar de tentar ajudar ao marido cristão a crescer no Senhor. Semelhantemente, é insensato e falta de amor deixar de ajudar um marido incrédulo a amadurecer e ser o melhor marido que puder, mesmo sem ser convertido. É importante que a mulher de Tito 2 entenda esses conceitos e claramente os explique para a mulher mais jovem.

Resumo

Este capítulo explicou alguns dos conceitos bíblicos básicos a respeito de submissão bíblica da mulher ao seu marido. Ela deve obedecer ao marido em todas as coisas, a não ser que ele lhe peça para pecar. Esta obediência não é meramente exterior, mas obediência graciosa (para o Senhor). Também não se trata de "submissão mútua" nem de "ganhá-lo sem palavra alguma", conforme vimos acima.

Por causa da grande quantidade de informação errada que se dá a respeito de submissão no mundo e na igreja, é especialmente importante que a mulher de Tito 2 entenda e viva bem este particular mandamento bíblico. A submissão deve ser uma alegria e não um fardo. É o objetivo de Deus para ela e para as mulheres mais jovens.

Questões Para Estudo

1. Sem olhar na Bíblia, liste os quatro lugares no Novo Testamento onde as mulheres são ensinadas a serem submissas aos seus maridos. Se você não conseguir se lembrar, olhe a resposta.

   A.

   B.

   C.

D.

2. Com base nos versículos da questão 1, cite as quatro razões porque a esposa deve ser biblicamente submissa ao marido.
A.

B.

C.

D.

3. Escreva um parágrafo explicativo (usando os versículos apropriados) para cada uma das seguintes questões:
   A. Significado da palavra grega *hupotasso*.

B. A estrutura de autoridade de Deus para o lar.

C. Submissão não significa que a esposa é inferior ao marido.

D. Como fazer um apelo piedoso.

4. O que há de errado com as seguintes afirmações? Use versículos bíblicos para justificar suas respostas.

A. De acordo com 1 Pedro 3.5-6, se o marido pedir à esposa para pecar ela deve obedecê-lo e Deus responsabilizará o marido pelo pecado.

B. As esposas não precisam ser submissas como eram no tempo de Paulo. Ao contrário, todos os crentes devem ser mutuamente submissos.

C. Às esposas não é permitido dizer nada ao marido (crente ou incrédulo) independente do que ele disser ou fizer.

5. Faça um resumo dos três pontos explicados no subtítulo "Aconselhe a Mulher Cujo Marido Está Pecando".

Parte 4

Por que ela deve dedicar-se ao ensino?

Capítulo 10

Para que a palavra de Deus não seja difamada

Esta manhã estou tomando conta de minhas netas gêmeas de três anos, Kelsey e Jordan. Nós três estamos sentadas com minha mãe que está se recuperando de uma fratura na perna. As meninas estão trazendo muito amor e alegria para o nosso dia. Elas são cheias de vida e de curiosidade. Não sei quantas vezes, nas últimas duas horas, minha mãe e eu já respondemos a perguntas como "O que é isso?" ou "Por quê?".

Meninas pequenas não as únicas que querem saber "por quê?" Quando Paulo escreveu a Tito as sete instruções específicas para as mulheres idosas ensinarem às mais jovens ele também explicou por que ensinar. A razão é simples...

> "(...) para que a Palavra de Deus não seja difamada".
>
> Tito 2.5

A palavra grega traduzida por difamada é *blasphemetai*, que significa "falar com irreverência, abusar ou ultrajar"[1]. *Blasphemetai* é uma palavra muito forte da qual se deriva a palavra blasfêmia. Portanto, não ensinar as mais jovens não é apenas permanecer neutra com relação à Palavra de Deus. Violar qualquer das sete instruções que Paulo deu em Tito, a respeito do ensino às mulheres mais jovens, é uma afronta contra a Palavra de Deus.

A mulher mais velha deve influenciar a mais nova para que esta dê frutos para o Senhor e assim honre a Sua Palavra. Pois, quando a vida de uma mulher jovem (ou a de um jovem rapaz, ou de um servo) é transformada por Deus, isso equivale ao anúncio do Evangelho.

> *"Quanto às mulheres idosas... sejam mestras do bem, a fim de instruírem as jovens recém-casadas a amarem ao marido e a seus filhos, a serem sensatas, honestas, boas donas de casa, bondosas, sujeitas ao marido, <u>para que a palavra de Deus não seja difamada</u>.*
>
> *Quanto aos moços, de igual modo, exorta-os para que, em todas as coisas, sejam criteriosos. Torna-te, pessoalmente, padrão de boas obras. No ensino, mostra integridade, reverência, linguagem sadia e irrepreensível, <u>para que o adversário seja envergonhado, não tendo indignidade nenhuma que dizer a nosso respeito.</u>*
>
> *Quanto aos servos, que sejam, em tudo, obedientes ao seu senhor, dando-lhe motivo de satisfação; não sejam respondões, não furtem; pelo contrário, <u>dêem prova de toda a fidelidade, a fim de ornarem, em todas as coisas, a doutrina de Deus, nosso Salvador. Porquanto a graça de Deus se manifestou salvadora a todos os homens</u> (...)".*
>
> Tito 2.5-10,
ênfase acrescentada.

Lembro-me de que, quando eu não era crente, eu observava os meus amigos crentes com suas famílias e sentia inveja deles. Eu tinha inveja porque eles pareciam ter uma direção firme e um propósito na vida. Eles estavam contentes em todas as circunstâncias. Pareciam ter raízes que eu não tinha. Suas vidas me atraíam ao Evangelho. Esse é o melhor testemunho que poderia existir.

Assim, quando uma mulher piedosa é uma testemunha do Evangelho, ela traz honra e não desonra à Palavra de Deus. Há muitos meios específicos, mencionados em Tito 2, pelos quais ela honra a Palavra de Deus – quando ela ama o seu marido, ama seus filhos, quando é sensata, honesta, boa dona de casa, bondosa e biblicamente submissa ao seu marido.

Também é importante lembrar que uma mulher honra a Palavra de Deus, sendo submissa, amando seus filhos, sendo bondosa, sensata, etc, quando ela se submete à Palavra de Deus em detrimento de sua própria vontade, considerando o exemplo do Senhor Jesus Cristo:

> *"Portanto, também nós, visto que temos a rodear-nos tão grande nuvem de testemunhas, desembaraçando-nos de todo peso e do pecado que tenazmente nos assedia, corramos, com perseverança, a carreira que nos está proposta, olhando firmemente para o Autor e Consumador da fé, Jesus, o qual, em troca da alegria que lhe estava proposta, <u>suportou a cruz</u>, não fazendo caso da ignomínia, e está assentado à destra do trono de Deus".*
>
> Hebreus 12.1-2,
> ênfase acrescentada.

Assim como ensinou o Senhor Jesus Cristo, seus sentimentos momentâneos são irrelevantes quando comparados à alegria de fazer a vontade de Deus. O padrão que decide as ações da mulher cristã não são seus sentimentos, e sim a Palavra de Deus. Deus recebe, então, honra e glória. Deus concederá graça e poder à mulher para que ela possa vencer seus sentimentos e obedecê-lo.

Resumo

Deus nos deu a Sua Palavra para abraçarmos. Devemos amá-la e vivê-la diante dele. Devemos ser bondosas, e honestas, e sensatas e tudo o mais que o Senhor quer que sejamos. As mulheres mais velhas devem ensinar isso às mais jovens. Este é o alto padrão de Deus para todas as mulheres. É o mandamento de Tito 2 para as mulheres. Só o fato de termos as Escrituras já é incrível.

Deus se revelou a nós por meio de Sua Palavra. Devemos ser especialmente agradecidas a Deus por nos ter dado Sua Palavra inspirada. Pensar e viver de qualquer outro modo é vergonhoso, é uma desonra para com Deus e para com a Sua Palavra.

Conclusão

Pouco antes do Natal de 1995, ficamos com nossas netas para que nossa filha Anna e seu esposo Tom pudessem viajar durante um fim de semana. Kelsey e Jordan tinham acabado de completar 2 anos. Um dia depois que Anna e Tom viajaram, percebi que Kelsey estava ficando doente. Como sou enfermeira, eu a examinei e descobri que ela estava com as glândulas inchadas, no pescoço. Liguei para Tom (que é médico) e pedi que ele desse uma prescrição de anti-inflamatórios para ela. Ele o fez, e eu resolvi esperar até que meu marido Sanford chegasse do trabalho, dentro de uma hora. Então eu iria até a farmácia buscar a medicação. As crianças estavam tirando uma soneca.

Elas ainda dormiam quando Sanford chegou e contei-lhe o que estava acontecendo. Peguei meus pertences e saí. Antes de entrar no carro, decidi voltar e olhar novamente Kelsey. Quando olhei para o berço, ela estava de bruços, então a peguei no colo. Ela estava mole e tinha um olhar vago. Ela não respirava e seu pulso estava fraco.

Corri com ela para o meu quarto e falei com Sanford: "Ela não está respirando!" Ele chamou a emergência enquanto eu começava a fazer respiração boca-a-boca. Era um momento extremamente desesperador. Depois de muito tentar, ela começou a respirar sozinha. Mais tarde descobrimos que ela tinha as amídalas muito aumentadas e tinha adenóide. Conforme ela foi piorando da gripe, as amídalas foram inchando mais e impediram-na de respirar. Deus, em sua misericórdia e graça, poupou sua vida usando-me para literalmente soprar vida dentro dela. Hoje ela está bem.

Assim como a vida física de Kelsey é importante para mim, sua vida espiritual é ainda mais preciosa. Sei que enquanto eu viver, Deus quer me usar para também soprar vida espiritual nela. Senhoras, saber fazer respiração boca-a-boca é importante para o aqui e agora, mas conhecer a Palavra de Deus tem valor para a eternidade. Da mesma forma que nunca poderia te ocorrer passar por alguém com uma necessidade imediata de intervenção médica, assim, nunca passa pela nossa mente que poderíamos passar por alguém com necessidade de socorro espiritual. As mulheres jovens estão implorando por este socorro! Deus requer isso. Toda mulher sem Cristo está em um estado de desespero extremo. Cada mulher que não é obediente à Palavra de Deus está vergonhosamente desonrando ao Senhor. Somos responsáveis diante de Deus por ajudá-las.

Se você ainda não fez isso, não quer clamar agora mesmo a Deus para que ele faça de você uma mulher...

> "(...) séria em seu proceder, não caluniadora, não escravizada a muito vinho, mestra do bem, a fim de instruir as jovens recém-casadas (...)".
>
> Tito 2.3-4,
> adaptação acrescentada.

Questões Para Estudo

1. Qual o significado da palavra grega *Blasphemetai*?

2. Explique biblicamente a seguinte afirmação:
"Quando a vida de uma mulher é transformada por Deus, isso é como um testemunho do Evangelho".

3. Como uma mulher cristã honra a Palavra de Deus? Veja Tito 2.3-5

4. Olhe a sua resposta para a pergunta 1 na página 4. Como sua resposta seria diferente agora?

5. Olhe sua resposta para a pergunta 2 na página 4. Como suas prioridades devem ser diferentes agora?

6. Relembre o que você aprendeu nesse estudo. Você deseja se tornar uma mulher segundo Tito 2? Qual oração você deve fazer?

Notas

Capítulo 4

1 - James Strong, Strong's Exhaustive Concordance of the Bible (McLean, Virginia: Macdonald Publishing Co.) #2412, p.37.

2 - Matthew Henry, Matthew Henry's Commentary (Grand Rapids, Michigan: Zondervan Publishing House), P.1902.

3 - James Strong, #1228, p.22.

4 - Robert Thomas, ed., New American Standard Exhaustive Concordance of the Bible (Nashville: Holman Bible Publishers, 1981), #1402, p.1644.

Capítulo 5

1 - Robert Thomas, # 2567, p.1658.

2 - Ibid.

3 - Robert Thomas, # 4994, p.1686.

4 - Robert Thomas, # 4998, p.1686.

5 - Martha Peace, Esposa Excelente, (Editora Fiel), p. 86-88.

Capítulo 6

1 - Robert Thomas, # 4247, p. 1677.

2 - Robert Thomas, # 5362, p. 1691.

3 - Ibid.

4 - Robert Thomas, # 1515, p. 1645.

5 - Roy Lessin, Disciplina, Um Ato de Amor. Porque, Quando e Como Disciplinar Seus Filhos. (Editora Betânia).

Capítulo 7

1 - Robert Thomas, #4998, p.1686.

2 - The Address For Christian Financial Concepts, Inc. is – P.O. Box 2377, Gainesville, Georgia 30503-2377.

3 - Robert Thomas, # 53, p. 1627.

4 - Robert Thomas, # 40, p. 1627.

5 - Jay Adams, The Handbook of Church Discipline (Grand Rapids, Michigan: Zondervans, 1986).

Capítulo 8

1 - Robert Thomas, # 3626, p. 1669.

2 - Martha Peace, p. 73-74.

3 - Martha Peace, p.155-174.

4 - John MacArthur, Different By Design (Victor Books, 1994), p. 70-71.

5 - Robert Thomas, # 18, p. 1627.

Capítulo 9

1 - Robert Thomas, # 5293, p. 1690.

2 - Martha Peace, p. 155-173.

3 - John Piper and Wayne Grudem, Homem e Mulher (Editora Fiel)

4 - John MacArthur, New Testament Commentary Ephesians (Chicago: Moody Press, 1986), p. 282.

5 - D. Edmond Hiebert, 1 Peter (Chicago: Moody Press, 1992), p.196.

6 - D. Edmond Hiebert, p. 197.

Capítulo 10

1 - Robert Thomas, #987, p. 1638.

Esboço Biográfico de Martha Peace

Martha nasceu, cresceu e foi educada na região de Atlanta. Formou-se com mérito no Grady Memorial Hospital School of Nursing, após cursar três anos de enfermagem, e na Georgia State University, com graduação superior, em um curso de quatro anos. Trabalhou treze anos como enfermeira, especialista em queimaduras pediátricas, terapia intensiva e terapia coronariana. Converteu-se a Cristo em junho de 1979. Dois anos depois, Martha terminou sua carreira em enfermagem e começou a focalizar-se em sua família e em uma classe de estudo bíblico com senhoras. Durante cinco anos ela minsitrou estudos dos livros da Bíblia, versículo por versículo. Recebeu treinamento e certificado da N.A.N.C. – National Association of Nouthetic Counselors (Associação Nacional de Conselheiros Noutéticos). Esta associação foi iniciada por Jay Adams com o propósito de treinar e certificar homens e mulheres como conselheiros bíblicos.

Martha é uma mestra muito talentosa. Trabalhou oito anos como conselheira noutética, no Atlanta Biblical Counseling Center, onde aconselhou mulheres. Lecionou por mais seis anos em uma classe de mulheres no

Carver Institute and College, em Atlanta, onde ministrou cursos como "Esposa Excelente"(Editora Fiel), "Criar Filhos Sem Criar Um Caim", "Introdução ao Aconselhamento Bíblico", "Aconselhamento Bíblico Avançado", "Pureza Pessoal" e "O Livro de Ester". Além de *A Esposa Excelente*, Martha escreveu *Sábia e Conselheira – Uma Reflexão Bíblica Sobre o Papel da Mulher* (Editora Fiel) e *Atitudes que Transformam o Coração*. Atualmente ela trabalha em tempo parcial na faculdade do Master's College, em Valência, Califórnia.

Martha é ativa, juntamente com seu marido, na Igreja Bíblica da Fé, em Peachtree, na Geórgia, onde ministra estudos bíblicos para senhoras. Além disso, conduz seminários para grupos de senhoras, abordando temas como "Tendo Uma Visão Elevada de Deus" e "Mulheres em Apuros (Editora Fiel)".

Martha casou-se com seu amado da época do colegial, Sanford Peace, com quem está casada há 39 anos. Ele é controlador de tráfego aéreo na FAA, mas seu verdadeiro trabalho é como presbítero na Igreja Bíblica da Fé. Eles têm 2 filhos: Anna, casada com Tony Maupin, e David, casado com Jaimee Peace. Eles têm dez netos: Nathan, Tommy, as gêmeas Kelsey e Jordan, Caleb, Cameron, Carter, Matthew, Kylee e Noah.

Notas de Estudo

Notas de Estudo

FIEL
MINISTÉRIO

O Ministério Fiel visa apoiar a igreja de Deus de fala portuguesa, fornecendo conteúdo bíblico, como literatura, conferências, cursos teológicos e recursos digitais.

Por meio do ministério Apoie um Pastor (MAP), a Fiel auxilia na capacitação de pastores e líderes com recursos, treinamento e acompanhamento que possibilitam o aprofundamento teológico e o desenvolvimento ministerial prático.

Acesse e encontre em nosso site nossas ações ministeriais, centenas de recursos gratuitos como vídeos de pregações e conferências, e-books, audiolivros e artigos.

Visite nosso site

www.ministeriofiel.com.br

Esta obra foi composta em Chaparral Pro 9,9, e impressa
na Promove Artes Gráficas sobre o papel Pólen Natural 70g/m²,
para Editora Fiel, em Junho de 2024